佛

听莲花生大师谈心

心之本性何其奥妙，涅槃与娑婆竟能圆融于一心之内，此岸与彼岸竟在一心之上。心之本性恒古便是朗然光明、空明无染，可叹世间众生却无缘得识心之本性。

马超 著

青海人民出版社

图书在版编目（CIP）数据

听莲花生大师谈“心” / 马超著. -- 西宁 : 青海人民出版社，2015.4（2025.3 重印）
ISBN 978-7-225-04874-1

Ⅰ. ①听… Ⅱ. ①马… Ⅲ. ①喇嘛宗—研究②莲花生（八世纪中叶）—生平事迹 Ⅳ. ① B946.6 ② B949.935.1

中国版本图书馆CIP数据核字（2015）第062284号

听莲花生大师谈“心”

马　超　著

出 版 人　樊原成
出版发行　青海人民出版社有限责任公司
西宁市五四西路 71 号　邮政编码 :810023　电话 :（0971）6143426（总编室）
发行热线　（0971）6143516/6137730
网　　址　http://www.qhrmcbs.com
印　　刷　青海新华民族印务有限公司
经　　销　新华书店
开　　本　880mm × 1230mm　1/32
印　　张　6.875
字　　数　160 千
版　　次　2015 年 4 月第 1 版　2025 年 3 月第 5 次印刷
书　　号　ISBN 978-7-225-04874-1
定　　价　32.00 元

目 录
CONTENTS

目 录

CONTENTS

目 录
CONTENTS

第一章 神话传说中的莲花圣王

有人说：“要了解藏族文化，就必须先了解藏传佛教；要了解藏传佛教，就一定先了解莲花生大师”。在藏传密教中被视为“第二佛陀”的莲花生大师，随顺世间诸种因缘而示现出广大庄严的种种事迹。他是藏传佛教宁玛派的开山祖师，传下“大圆满心法”，解脱众生于苦难世间、生死流转的大海之中。

这位清净光明、智慧慈悲的莲花圣王好比是绽放于世间的一朵白莲，他所传下的修行心法则是引导世人离苦得乐的智慧明灯。

1　空行圣地绽开的白莲花

“极丽的虹彩　是空性的锦带
卷动得明光　如碎珠般的漂颤
永誓护持的三昧耶
在顶上在喉轮在心间
是功德是事业
双手金刚合掌
吽！吽！
圣者如泉涌出　最殊胜的
莲华生”

——莲华持明《莲华生大士全传》①

① 莲华持明：《莲华生大士全传》（上册），中国社会科学出版社2004年版，第37页。

在藏传佛教中有位莲花生大师（也作"莲花生"），这位公元8世纪的佛学大师、著名的宗教实践家出生在清净圣洁的印度乌仗那国，据说那是由佛陀手中流溢出的虹光所化现出的一个地方。那是一片植遍了莲花的大地。那里的人们性情和善、崇尚自然，他们要比我们这个时代的大多数人生活得安乐幸福，但这却与他们拥有多少财富没有什么关联。

在关于莲花生大师的诸多传记中，都把乌仗那国描述成一切修行者、圣者、大智慧者获得成就的殊胜道场。无量无边的显宗、密宗成就者都在这里清修并获得成就。而有着"第二佛陀"之称誉的莲花生大师便是这众多成就者中最圆满、最殊胜的一位。

"莲花生大师未经胎污／生于莲花没有生和死／征服三界而调伏三有／说出法名内容就知晓／又显密二宗都不陌生／尤其可称内密宗主人。"①从这些文字中，我们不难看出后人是怀着怎样的敬畏与尊崇来描写莲师的生平故事和弘法经过的。

要使大地上盛开出美丽圣洁的莲花，便要先撒播下莲种，只有具足了莲花生长的因缘，人们才能得见那风中摇曳的清莲。在莲花生大师出生之前，便已经有许多圣者在乌仗那国努力地加持、播种，使善法和智慧遍满世间，凭着这个清净的因缘，无上圆满的圣者莲花生的一切成就才能得以示现。

佛教中十分讲究"因缘"，佛法的基本内容便有"缘起"这一项。很多人觉得因缘二字实在玄妙非常、难以理解，其实所谓"缘起"，便是"诸法由因缘而生起"之意。一切的事物、一切的现象，哪一个不是因了某种或某些互存的关系、条件才得以存

① 中国藏语系高级佛学院研究室编，洛珠加措、俄东瓦拉译：《莲花生大师本生传》，青海人民出版社1990年版，第86页。

在、生起？这些关系、条件，都是相对存在的，而非恒常。

所谓因缘，便是内在和外部的条件、关系。正如人们想要收获稻谷就得先有种子这个“内因”，还要有泥土、空气、养料以及阳光的照射和雨露的滋润等等“外缘”，只有种种因缘和合，才能生长出谷子来。

莲花生大师降临到乌仗那，获得无上殊胜成就，并在日后来到吐蕃弘传佛法、兴建桑耶寺、剃度七觉士出家，这些事件都不是孤立存在、独自生起的。

莲花生大师出生成长的乌仗那国位于印度大陆的西北方，那里一直以来就沐浴在佛法的智慧光芒中，有许许多多的修行者在此出生、成长，获得无上的成就。可以说，这里的善果在无量过去世中早已具成，也可以说在往昔一切殊胜因缘的聚合下，圆满清净、具足不可思议功德的莲花生大师才得以出现。

在《莲华生大士全传》以及其他关于莲师的传记文献里，莲花生大师的父亲因陀罗部底王可以称得上是传统意义上的“明君”，心怀慈悲、乐善好施、礼敬僧人，但他身为国王却命运凄惨：无有子嗣、双目失明，之后又遭逢国内大饥荒，曾经，国库里的财富无尽无量，如今却空空如也，再也拿不出一丝一毫去赈济百姓了，使得原本敬爱他的百姓都开始产生了不满情绪。

然而，福祸本是相生相倚，也许你觉得因陀罗部底王走到了人生的谷底，只能苟活着度过余下的时光。可人生就是充满了各种变幻，世间一切皆“无常”，因陀罗部底王原本积累的无量财富可以散尽，但也可以重新聚拢；原本失去光明的双眼能够复见光明；原本失去唯一幼子的悲痛之后，谁又能料想，在经历种种磨难之后竟会得到另一个更为宝贵的孩子呢！

因陀罗部底王为能圆满自己的善业，便不顾自身安危来到深海中寻宝。正是由于这个因缘，无儿无女的老国王才能遇到那位端坐在莲花花蕊中的清净小童，脸上挂着平和的笑容，浮现出庄严的色彩。他就在那莲花大海中的大莲花中端坐着，在日光的照耀下闪闪发亮，使人一眼望去便心生清凉，再无热恼。

因陀罗部底王见到这莲花小童时既诧异又惊喜，当他听到莲花小童说的一番话时，想必更是触动了自己的心海。莲花小童说：“持明智慧是我的父亲，而现前的空性就是我的母亲；我的故乡是在那无生的法界当中，我的姓氏是持明与法界两者合一的殊胜种姓，而我每天所吃的食物是根本与后得两种现观现觉的智慧；我在这里每天所做的事情，就是消除我心中的烦恼贼啊。”①

若没有最初那清净慈悲的发愿，便不会有之后的布施；若不是因为要圆满布施善法，因陀罗部底王也不会冒险亲自出海；若是没有亲自出海，也不会恢复视力，得到摩尼宝珠，更不会遇到莲花小童——那位日后的藏传佛教宁玛派开山祖师莲花生大师。

因陀罗部底王与莲花生之间的父子因缘虽然十分殊胜，但这因缘与他自己的发心也有着莫大关系。当初，因陀罗部底王发心布施城中百姓，这善念便牵引着他与示现在娑婆世界的莲花生相见。这心念啊，真是不可思议！是善念还是恶念，都会招致不同的命运际遇。

许多有智慧有见地的人都说“所谓命运，不过是心灵的倒影”。外境外物不论是好还是坏，都是一种客观存在，我们确实无法左右。我们不是神仙，也没有那种能够把“无”变成“有”或是让自己仇恨的对象瞬间消失的法术。

---

① 莲华持明：《莲华生大士全传》（上册），中国社会科学出版社2004年版，第81页。

虽然，在《大乘起信论》中这样说道："心生则种种法生，心灭则种种法灭。"很多人就会这样认为："啊，所谓的'法'，就是世间的现象。这话的意思可理解为现象是依着人的意念而有生有灭的。"其实，世间的现象的生灭与意念有何关系？心念虽不能够影响外部现象，但却能影响我们的觉知和感受，同时也影响着我们对事物的判断。比如，我们在面对一件事情、一种现象的时候，总会从自身的经验、感受、知识、立场出发。加之每个人的价值尺度又不同，于是一件事情、一种现象便被人们贴上了众多的标签。

我们不妨以因陀罗部底王的事来举例。他乐善好施、周济百姓，以至于有那么一段时间，他将国库里的钱都用光了。不同的人自然对此事有不同的见解：贪爱财富的人会笑话他傻，他们的心念滞留在财富上，这是一种"执"；喜欢听人称颂的人觉得他做了那么多善事，必定会被世人赞颂，其实这也是一种"执"；一心修学善法的人，认为因陀罗部底王体恤百姓、大兴布施，将来必定可以获得无量无边的福报，当然，这还是一种"执"。

世人以执著之心，给世间万法贴上标签，于是，好坏对错、是非曲直等等判断便纷涌而来。念头一动，意念一起，人就会站在一个狭隘而偏执的位置上，越是偏执便越是狭隘，虚妄的念头越多，内心的焦虑便越深。即便像因陀罗部底王那样发心纯善、广行布施、有一定智慧之人，也会在面对困境时内心焦躁、烦乱，更何况是那些久被无明烦恼缠缚、心中无有丝毫善念的人们呢？

莲花生大师心性慈悯、洁净无染，他是从莲花中化生而出的佛心子，是空行圣地乌仗那盛开的光明圣洁的白莲花。他降生到乌仗那的大地上有着殊胜的因缘在牵引，他来到吐蕃弘传佛法，亦复如是。

不生不灭的莲花生大师，以慈悲菩提心化度与之有缘的无边众生，使众生悉皆离苦得乐，证悟到如他一般圆满的境界。这个圆满的境界，与我们的心有着莫大的关系，而莲花生大师要传授给我们的智慧其实既不能告诉我们如何在职场上纵横无敌，也不会教给我们如何快速致富。莲花生大师要告诉我们的是世界的真相、人生的真相，而在这真相的背后，我们又该如何面对自己的那颗心。

2　海生金刚的前世今生

从史料记录来看，与海生金刚（即莲花生）同时代的高僧并不在少数，如新罗国的慧超法师、悟空法师等，他们都曾前往过乌仗那国学习密法，除了这些高僧，当时修学密法的修行者数量极多，在这些修行成就者中，最为殊胜的无疑就是莲花生大师了。

在许多文献资料和文学作品中都对莲师的不可思议的功德有过描述："遍知三世的莲花生大师／外相清净故持化身教／内相清净故持报身教／密相净而生圆次第明／这大师就是举世无双的佛祖／是佛祖预言中无可争辩的化身／像纯洁无疵功德俱全的如意宝／众生的一切需求都能够满足／功业无数不胜枚举。"①

据说，佛陀在许多显密经典中对莲花生以后的成就作了授记，他说在达那敦夏海里，从自然绽放的莲花中会有位清净小童

① 中国藏语系高级佛学院研究室编，洛珠加措、俄东瓦拉译：《莲花生大师本生传》，青海人民出版社1990年版，第4页。

诞生，以后将获得不可思议的成就。

《无上密宗集续》中也有授记：“在我涅槃之后，我的化身将示现在乌仗那国。他能够超胜一切，降服一切，号称为莲花生大师，于这娑婆世界当中传播密法。”

《涅槃经》中有这样一段记载，佛陀在拘尸那罗的双林树下即将入灭，他对阿难尊者以及四众弟子们说，在未来的世界里，在一座清净而无垢的大海之中，将会出现一位殊胜的圣者，在未来世的密教中，他便要化现为那莲花生大师，将从清净的大海中出生。

这些文字呈现给世人的莲花生大师是一位神奇圣洁、有着非同寻常经历的觉悟者形象。有人认为，他不过是一位活在神话传说里的神奇人物，但其实，在历史上确实有这样一位莲花生。当然，历史上真实的莲花生不一定是从清净无染的莲花中化生而来，但他的修行经历、弘法过程之曲折而坎坷，同样也充满了传奇色彩，尽管我们只能从流传于后世的传记作品中找寻有关他当年修行证悟、弘法度生的些许记载。

通过众多历史文献，我们了解到莲花生大师是印度乌仗那国（即今之斯瓦特）人，主要活动于公元8世纪，是一位著名的宗教实践家，精通显密二乘的教理。大约在公元8世纪后半期，他应吐蕃赞普赤松德赞的邀请，将佛教密法传入西藏，是藏传佛教前弘期传承的重要人物。

萨迦·索南坚赞在《王统世系明鉴》的注解中写道：“莲花生，亦称邬坚大师，8世纪印度僧人。应赤松德赞之请赴吐蕃传播密法，曾利用密宗法术同苯教巫师斗法，在吐蕃建桑耶寺，对赤松德赞抑苯教、崇佛教有一定影响，被藏传佛教宁玛派尊为祖师。”据史料记载，宁玛派所尊奉的密教典籍，便是由莲花生、无垢友等译传下来的。

历史上真实的莲花生大师出生于乌仗那王族，父母均是修行人。年轻时，他曾遍游印度诸地，寻找当时的诸多大善知识和修行觉悟者学习各种世间善法。莲华持明在《莲华生大士全传》中记载，他先后在光明国的释迦仙人色珠处学习因缘历算法，在耆婆医生的儿子那里求学医方明、在然嘎拉地方向善知识阿扎亚求教声明学问。相传，莲花生当时已通晓兰扎那文、那嘎拉瓦尔德文、伽什米罗文、信都文、达利嘎文、梵天文以及卡罗达文等六十四种文字和三百六十种语言，除此之外，他还懂得许多技艺，比如木匠活、纺织缝纫技术等等。

莲花生"自幼学习语言文字，后来又学逻辑学、医术、工艺技术等，对古印度流行的相宝、相地、相依、相树、相男、相女、相马、相象等八种相术非常熟悉。在娑罗舍城的一座寺院中，他跟随一位持律大师学习对法和密教经典；从辛底茹巴接受密法灌顶，重点学习修炼事部、行部和瑜伽部密法。又从当地一位很有名的成就师苏喀达罗听讲密教口诀，前后在东方大猛寒林、稠从寒林、金刚焰寒林、怖畏颇寒林、阿扎哈萨寒林、吉祥林寒林、具音寒林、猛厉寒林等八大修行地方，分别从阿阇黎达努阇达、萨耶布、尼玛布、阿娑达扎普、释毗迦罗、毗罗茹孜、赤裸、弃恶学修剑成就、药丸成就、眼药成就、神行成就、消除诸病的药成就、长寿金丹成就、宝瓶成就和金汁成就，表明他已经修得了持明成就。"①

16世纪藏传佛教觉囊派的高僧多罗那他在《三信具足》中记

① 索南才让：《莲花生及其对藏传佛教的贡献》，原载《西藏民族学院学报》1996年第4期。

载道：莲花生先后从师于精通密宗的贤德日巴、大成就者斯卡德瓦和空行母斯卡达日，以及智足大师（又称为佛吉祥智大师）。莲花生早年修学了事部、行部、瑜伽部三外续，而后又修习了摩诃瑜伽、阿努瑜伽和阿底瑜伽内三续。在学有小成之后，深觉不满足，便又来到吉祥智大师那里，跟随他修学了般若经典和集密，以及玛哈约噶的幻网、月密明点、佛等引行和业之行等五内续。

莲花生大师在经历了艰苦修行和精进修学之后，终于获得了显密二法以及非凡的修行成就。而这一切的成就在旁人看来也许已是羡慕不已，但莲花生大师却告诉我们：凡是世间一切总有因缘，切不可妄生贪执，哪怕是已经证悟到的境界、已经印入脑中的学问，都不能贪执，而自己的所学所修，也是为了化度世间众生而已。

3　从太子到沙门，从乌仗那到吐蕃

在《莲华生大士全传》中，作者莲华持明记述了莲花王太子以往宿世的法界因缘故事，这些文字记录了他从一位尊贵的太子到一位修行沙门的经历。

在某一世的时候，莲花生名为“乔答摩日种仙人”，跟随当时比较有知名度的一位沙门黑仙人修行善法。后来他被歹人诬陷杀人害命，并因此获罪遭受酷刑惩处。在他身死之后，转生为莲花王太子，在如实地观察了自己的修行因缘之后，便决定要对宿世以往那些伤害过他的人做出救度。以往那个作恶多端的无赖男子和被其杀害的娼妓，在与莲花王太子同一世时，一个转生为苍蝇，另一个则转生成大臣家的孩子。

莲花王太子早已观察到自己与他们之间的种种因缘，他在这因缘的谛观中生起要度脱他们出离苦海的善心。这天，侍女抱着大臣家的孩子在树荫下乘凉，这孩子的额头上落了一只苍蝇，莲花王太子为度脱这个孩子和那只苍蝇，便用小石子打烂了苍蝇。当然，这一击也洞穿了小孩子的额头。莲花王太子以这种看似凶残的方法救度了即将堕入恶道的他们，但是所有不明真相的人都被眼前的情景所迷，他们只相信自己亲眼看到的事情，于是大家都在说："莲花王太子杀人了！"

莲花王太子早已生起离宫修行的决心，在他第一次与因陀罗部底王相遇时，就因看到渔翁钓鱼而心中发出所想：如果日后自己果真继承王位，那么和鱼儿上钩又有什么区别呢？这都是一样的痛苦，因为都要在尘世中打转，为了自己的欲望而将自己投入罗网之中，再也难有自由。欲望这东西，一旦生起，就很难控制住。

而现在，正是一个难得的机缘。莲花王太子来到父王面前请求将其流放。在离开王宫之后，莲花王太子来到堆满尸体的坟区。这里弥散着腐败和恐怖的气息，平时根本不会有人踏足于此。可是在修行者看来，这样的一座坟区正是生命无常的示现。人们不敢直面生命的真相——生命并非恒常存在，而是无常变化、瞬息即逝的。对于大多数人来说，他们宁愿活在虚妄的假相中，自己哄骗自己，宁愿用感官享乐来打发苍白的生命，也不肯正视生命的真相。

但是，对于莲花王太子来说，这里正是修行的理想之所。在后世流传的种种关于莲花生的故事中，便有很多讲述他在坟场中苦修并修得神通的内容。在很多记载莲花生大师生平的历史文献中，几乎也都提到过他施法术的事，如五世达赖喇嘛著的《西藏王臣记》就有这样的描述，堪布大师菩提萨埵（寂护法师）对吐蕃赞普赤松德赞说："大王和您之前的历代先王，尽管也修建寺庙，塑造佛像，翻译经典，但因未能调服藏地的"诸恶鬼神"，而导致数代藏王都寿命短促，弘法事业难以开展。"他向赞普推荐善于运用"猛烈咒法"的海生金刚，即莲花生大师，并说假如能请来这位莲花生大师，则"大王一切清净宿愿，皆可成办"。关于莲花生大师来到雪域高原弘法的缘起经过，在《西藏王臣记》中也有所记述。

公元8世纪中叶的吐蕃王朝正是处于旧主新丧、幼主刚刚即位的动荡时期，因新王赤松德赞年幼，朝政实权落在了辅政大臣手中。这些人插手各种政治事务，尤其是一些信奉苯教的王臣更是采取了禁止佛教流行和传播的手段及措施。他们拆毁寺庙，驱赶僧人。当时，王室与贵族在朝政大权上相争，宗教上则是佛教苯教互相排挤，矛盾错综复杂。

成年后的赤松德赞决定夺回政权，并采用一系列强硬措施发展佛教，他派使者从吐蕃周边地区诸如印度、尼泊尔、唐朝等地延请高僧入蕃，寂护法师便是先于莲花生进藏的。

不过，这位寂护法师在吐蕃弘法期间遇到重重障碍，多次地震、雷电击毁红宫，灾害不断。苯教势力以此作为驱赶寂护法师的借口，迫于内政压力，赤松德赞只好派人把寂护法师送回尼泊尔，并承诺待时机成熟后再请他入藏弘法。临行之际，寂护法师向赤松德赞建议道：

"藏王，在你祖先父王的朝代，虽说是曾经做过修建寺庙，塑造佛像、佛塔和翻译经典等善业，但是那时未能将此间凶神恶鬼降伏，因此一些藏王遭到夭寿的厄难，佛法也发生一些中断的灾障。为了要用威猛法力来降伏此间大地上所有一切凶恶鬼神，须得去迎请邬仗那的阿阇黎·伯玛炯勒（莲花生）。他确实是这赡部洲的一位大密师，过去生中他与藏王你同在嘉绒喀学塔修行时，你们发过有联系因缘的誓愿。如果能将他迎请到藏，他定能使藏王你的清净善愿，都获得成功。"[①]

后来赤松德赞采纳了寂护法师的建议，派巴·塞囊和桑廓拉隆赛带领侍从，携带着珍贵礼物前去迎请莲花生大师。之后在第二次时又派出钦·释迦沙巴等三人。

这便是莲花生大师进藏弘法的因缘经过。初来藏地，莲花生便以其威猛法术制伏了苯教众多神灵，而莲花生善用法术的威名很快地也就传遍了整个雪域大地。据说，莲花生与赤松德赞派来的使者见面之后，他便施展法术，不仅空中日月下沉，而且还使河水缓缓倒流。这些使臣见到种种不可思议的景象后，马上对佛法生起了坚信不退的信心。

当然，莲花生来到吐蕃之后的弘法之路并不顺利，尽管当时的吐蕃赞普赤松德赞一心想使吐蕃大地沐浴在佛法之中，可怎奈苯教势力太过强大，连吐蕃赞普都要依靠像莲花生这样的密咒大师来撒播佛法的种子。

在传说里，吐蕃各路鬼神纷纷加入到阻拦莲花生弘法的阵营中。但是，莲花生丝毫不惧怕这些吐蕃本地鬼神的法术，他施展身、语、意三密法力，收了他们的命根，将其降伏，并使他们成为佛教的护法神，使他们发誓听命，从此以后勤修善法、护持众生。传说中所谓的"鬼神的命根"，根据密法中的说法，即每一

① 五世达赖喇嘛著，郭和卿译：《西藏王臣记》，民族出版社1983年版，第56页。

个护法神灵都有一个密咒，诠表他的命根，当他献出来之后，就可以掌握他、降伏他，使他听从莲花生的命令和驱使。

据史料记载，莲花生先后降伏了吐蕃所有八部鬼神，即瘟神、山神、地神、本土神、游神、龙神、独脚鬼、作祟鬼。这些凶神恶煞在皈依佛门、成为佛教护法神之后，其造像在许多藏传佛教寺院中也可见到。

莲花生把密宗佛法带到了雪域高原，并且在吐蕃创建起桑耶寺，剃度了七位贵族子弟出家，这样一来，雪域大地便成为佛、法、僧三宝具足的圣地。做完这些之后，莲花生大师最终还是离开了吐蕃。

在弘传佛法的过程中，莲花生面对的对手除了那些苯教鬼神之外，还有崇信苯教的朝廷重臣。这些崇奉苯教的大臣视莲花生为眼中钉，使一度卷入政治漩涡里的莲花生还成为对手的暗杀目标。有些大臣说，若是不杀掉这个外来的咒师，凭他如此高强的法术，将来一定会向吐蕃施咒的。自然，这些不过是借口罢了。于是他们派了十八个人去追杀莲花生。这些人埋伏在路边，他们看到目标出现后，便有人拉开弓，有人拔出刀，准备杀害莲师。莲师根本不会惧怕这些人，他手结印契，这些人立刻僵在原地，既不能说话，也不能动弹。莲师又拿出一把白芥菜籽，对护送他的人吩咐了一番之后便腾空飞起。护送莲师的人便按其吩咐把白芥菜籽抛向那些刺客，这时他们才恢复说话和行动的能力。

在藏文文献中，把莲花生的一生概括为“四十优胜”，“表现在身、语、意、德、业五个方面，八种身优胜是：不经父母之身而生；非被驱逐之王子；无贪婪嬉戏之态；无寿终之时；徒众信仰不衰；身体不为四大之敌所侵；恪守密乘、菩萨、别解脱三律仪；具三十二相一百随好。八种语优胜为：具梵天之音；宣说同本尊之语；知一切语种；不出凡夫之言；言皆说法；演六道众生语种之法会；语摄一切神鬼；语调如食香之妙音。八种意优胜是：意不错乱；全面理解佛法；觉悟高如虚空；参禅坚定如山；行为细如飞尘；精进专利他人；遍知四时；了知众生心性。八种德优胜是：闻知人天七德；指示一千零八成就者；精通五明；练达三藏；发菩提心；娴如灌顶成熟；未掌管寺庙；拥七圣财。八种业成就是：浊世弘教法；教法无兴衰；奠定教法库基；贤愚能伴随；能辨教法非教法；使役神鬼；持教护教并弘教；镇压西南恶鬼。"①

作为一个颇具神话色彩的历史人物，莲花生在众多历史文献中被描述成法力无边、大慈大悲的智者。他不仅精通大小五明、显密二教，且善于教化，持方便法门救度众生，为解救世间的苦难众生而不遗余力。

4　如是，降伏其心

在《金刚经》里，须菩提长老向佛陀提过这样一个问题："善男子，善女人，发阿耨多罗三藐三菩提心，云何应住？云何降伏其心？"这是说，当善根深厚的男子女人生起那追求无上正等正觉、成就佛道的心念时，如何才能保持其不退失？若是他们心中生起了妄念，那么怎样做才能降伏这妄心呢？

一切的修行方法，不论理论构架和实际操作有何种差别，其

---

① 索南才让：《莲花生及其对藏传佛教的贡献》，原载《西藏民族学院学报》1996年第4期。

要点都是为了降伏妄心。莲花生大师说，心头妄念一了，便是生命重生的时刻，“若能不落入妄见，染着习气，当下的觉性刹那归于清净无染。既不相应，也不排斥，随顺事物，不加修整，唯此道行，方称清净无染”。[①]

面对心头那纷飞的妄念，我们要学着勇敢地直面它、承认它。譬如有人一心想要攀得荣华富贵，如此念头一生，年久月深反复造作，可终究一无所得，必然心中烦恼万千而欲望愈加倍增，欲望倍增而求之不得，如此反复则烦恼日甚。若要减少这个烦恼，就得先承认心头那贪求富贵荣华的欲望。这就好比病人要想祛除疾病，重得健康，必然要先意识到自己身心上存在疾患，然后才可就医，对症下药。

直面妄念、承认妄念这只是第一步，我们还要用空性观来瓦解这许许多多的妄念。比如人们所希求的富贵荣华，它仅仅是“渴求”就能求来的吗？很显然，不是。其实佛教并不反对人们创造财富，只是财富的积累也要依着自己的能力和外界的因缘，若是两者有其一不具备，那么创造财富便不可能实现。更何况，财富积累得再多，它们也不会为你买到明天、买到未来。所谓的“富贵荣华”，不过是各种因缘聚合下的一种世间现象而已，是造作的现象，必然有消失不见的时候。心头贪求的再多，也不过是一场空而已。

如是观想，心头那贪求的渴望便逐渐瓦解。但是，这种观想的方法，就好比是医治身心的良药。一旦身心重获安宁平和，便要连这药物也得放下。有谁见过疾病痊愈的人还要抱着药瓶，每日仍大把大把地继续服药呢？

---

① 莲花生大师作，刘巧玲译：《无染觉性直观自行解脱之道》。

再比如，我们听到了别人对自己的某些评判，有人夸赞，有人批评，有些声音温和，有些声音刺耳。我们听到夸赞的温和话语就喜悦顿生，听到那些尖锐刺耳的批评就满心烦闷。忽而喜，忽而忧，忽而开怀，忽而恼怒，如是观之，身心焦虑不安、疲累不宁，终究让生命陷于困境之中。更可怕的是，世人往往把自己烦恼的原因推给外部的环境，把某个人、某件事当作自心无明烦恼的替罪羊。不能觉悟自心，本来就是今生今世极大的遗憾，更何况还要不明事理地责怪旁人，那可真是距离正觉越来越远。

莲花王太子早年师从于当时颇负盛名的语言声明学家、具备无上菩提心的善知识阿札亚，他在听闻了阿札亚的教诲后便领悟到，所谓的“我”不过是一个假相、假说，它并没有永恒不变的自性字体，由此观之，别人对“我”的评断，着实与“我”无关。

若是众生对语言名相生起了种种烦恼幻想，那么便是对语言文字具足了邪见。因为他们从这个虚幻因缘中的假名“我”外，假想出另有一个真实的“我”存在，做出种种颠倒梦想，殊不知，所谓的“我”不过是一个具有身心作用的无常存在，它只是法界因缘中的一个现象而已。

由是观之，那些文字话语、种种评判不也如此吗？一切语言现象，都是法界因缘所生起的存在。因缘流转，哪里有什么恒常存在的现象呢？又何必因那瞬息即逝的现象而纠结、烦恼？如是去想，我们心头便不会再对他人的评判生起执著，也不会恼恨那批评自己、挖苦自己的人。自己的身心又重获安宁平静，如是降伏妄心，众生全靠着要了知“因缘”的甚深道理。

降伏心头妄念，使心由染转净，这个转变过程并不能带给人们丝毫快乐，甚至还会感到痛苦万分。要对治自己的烦恼习气，这就好比用刀子把自己身上流脓的烂肉给割掉一般。虽然痛苦，但若不这样做，那么毁掉的便是整个生命。

心头的妄念烦恼和各种习气，其实就是心灵上的毒疮烂肉，众生之所以是众生，就因为他们在这妄念之中打转转，既不肯自觉，也不愿自醒，更不能自度，以致沉陷在妄念苦海之中，无法让心灵解脱，即使拥有再长的光阴，若始终沉浸在烦恼苦海里，又如何能体会到生命的意义？

凡庸的贪爱、不断的嗔恨、各种错谬且迷妄的想法，这些便是心体生长的尘垢，只要涤清它们，心体还是光明灿烂的。通过对心性的把握而证到觉悟的境界，被苦恼缠缚的是心，开悟解脱的也是心。一切有情众生都具有这种自行解脱的能力。莲花生大师的这一佛学思想与禅宗六祖慧能的观点在一定程度上有着某种契合，当然，这是后面要说的话题。

心头妄念被降伏之后，心外的世界便是另一个模样。无论你的生活是富是穷，无论别人对你作出怎样的评判，你的内心都将安处于平和宁静之中。我们总有一天能够觉悟到，世间的纷纭万象看似复杂繁琐，难以理出头绪，其实它们不过由因缘生起。没有任何现象真正地存在，它们迟早会消逝于法界虚空之中。法界的一切现象，就好比孩子们手中的积木，小孩子用各种颜色的积木搭建起楼房、宫殿、亭台，但只需要抽取其中的一块或者几块，那么整个建筑物就会轰然倒塌。法界的现象也不过如此，只要构成它们的其中一个或几个条件发生变化，那么整个事物都会随之发生变化，而且这种变化是持续不断的、分秒不停的。

如是去观想，如是降伏妄心，如是获得安宁、平和、清净。

第二章 何者为心？

没有任何境相，不是出自心性；凡是生起之现象，必将在心性内自然解脱。

众生的这颗心啊，光明清净，无有染垢，它幻现出世间种种现象，可这颗心，它的本质又是什么呢？

1　心是身的主人

我们的这个身体，与世间万物一样，都在分秒不停地变化着。任凭你身强力壮、年轻貌美，这个身体都会渐渐枯萎，最终走向衰老死亡。对于生老病死，时运变化，我们无力把握，也无需过分纠缠、执著，我们能够把握的、可以善加运用的，唯有自己的这颗心。

心是一切行为的主因，清明无碍的心甚是难得，但其实人人可得。自然，这其中有觉悟与否的区别。如果我们对自己的心有足够的观照，那么在现实生活的一切情状中，我们都可以获得更深层次的觉悟，使生命不断获得更高的提升，而这个提升的至高点则是大彻大悟的觉者，比如佛陀，比如莲花生。

若说心是身的主人，那么可能很多人会觉得这是谬论。但有位在西藏修行数年的朋友，他的亲身经历倒颇值得我们思考。在一个偶然的机缘下，他说起自己是如何经由身体的疼痛而获得另一种心灵感受。

一天，他在藏北高原上正一边默念六字大明咒，一边行走，打算去拜会一位仁波切。也许是不留神，他一下就把脚扭到了，疼痛难忍之下只能坐在地上。他说也就是在这个时候，他对于身体的执著有了另一层领悟。

身体上的疼痛其实比较容易控制，但我们心理上对于"我的身体"、"我的痛苦"的执著才比较难以控制。当我们对"我的身体"、"我的痛苦"越是执著，我们在身体和精神上的痛苦程度便越是加深。而他放松下来的方法很简单，既不是观想本尊上师，也不是口诵什么经咒，而是轻声地对自己说："莫要怕这疼痛，既然身体是四大五蕴和合而成，不会有永存于世的可能，那么这疼痛也是如此，它绝不会一直停留在我身体上的。"

这幅画面让我想起儿时因为淘气摔了个大跟头，我用手捂着摔破皮的伤口不住地哭，母亲却说："莫要哭，其实没那么疼！你不想着它多么疼，一会儿自然就好了。"

"不想着"便是不要把所有的心思都黏着在伤痛处，其实就是不执著。很多时候，我们都在无意识的情况下告诉自己"不执著"这个道理，但是在更多时候，我们确实有所执著且执著甚深。于是，痛苦便不由分说地由那么一点点扩大成一片片，从精神到肉体，似乎所有人都无法阻止痛苦的蔓延，其实我们忘记了，我们自己的心是能够消除痛苦的。它先天就具有一种力量，能够把痛苦转化为喜悦。这绝不是自欺欺人。

早些年，那时的莲花生大师还是怀着甚深誓愿的莲花王太子，尚未获得殊胜的成就，为了救度众生，便跟从耆婆弗多罗医师学习医道。在学医修行的时候，他通过谛观，了悟到世间众生的疾病，其实全由因缘所生，或者可以这样说，大部分身心病痛，皆因心而起。人身为何物？乃是由地、水、火、风、空、识六大聚合而成。可世人总是执著这自身为恒常不变的“实有”。既然认作实有，便会生起贪染、执著，而眼、耳、鼻、舌、身、意这六根便是那生病的造作者，这颗心则是一切病疾的根源，因为心通过六根去贪染外部的各种时空因缘，却不能够随顺法界因缘，处处与因缘相违，身心各种病患便如是而生。

比如我们看到一个美貌聪慧的异性，因为对其生起贪爱渴求之心，于是便希望得到这个人，作为自己的伴侣。可若是这种希望落空，我们的贪执之心就会越来越炽盛，那么我们的身心就会出现疾病。当然，因为对其他事物的贪执而引发身心病患的道理也是如此。

再比如有些人，吃饭时不能安心吃饭，休息时不能坦然休息，他们偏要百般计较、千般思索，思索着别人有什么而自己没有，计较着别人能做成什么事业而自己却做不成。长此以往，身心岂能安宁康健？

世间众生身心之病痛，还因为各自心中的“执”，因执又生出恐惧。我们的心，才是苦乐等各种感受的根源，同时也因为各种苦乐经验而使身心烦恼异常，不得安乐。佛家常说的“随顺因缘”，不仅是一种放下的态度，更是一种开放的态度。不拒绝、不排斥、不执著生命中的一切境遇和自身的情绪。要知道，任何一种境遇都不会平白无故地出现在我们的生命中。与其拒绝、排斥、恼恨、抱怨，倒不如放下自己的这些敌对的情绪或贪喜的心态。不仅对外境和情绪不生执著，而且即便身体上有了病患，我们也要不生出那畏惧的心、执著的心。曾经有位修行人，在被医生诊断出患有胃癌时，他比平时更加努力地修行，每天只严格规定自己诵经和打坐的时间，不和朋友谈笑，也不见来访者。他的亲友们见他如此精进，都觉得他很可能会闯过这一关，为自己的生命创造出奇迹。可让人意想不到的是，这个精进努力的修行人，到底还是因病去世了。一位上师说得明白：“他对这生命太贪执了，他对佛法也太贪执了。真正害了他的，一是这身体上的病患，二就是心上的贪念和执著。须知道，如此精进地修行，他是希望以此来抗拒病魔，延续生命，所有心念都集中在了病患上，实际上还是没有明白诸法无常、因缘聚合的道理。”

要想有健康的身体，必须先有一颗清净安宁的心。安详平和、放下偏执、无忧又无恼的心灵具有一种疗愈的能量，而我们的身体，则是心灵状态的外在呈现。从“我执”生出贪嗔痴三毒，每有外境不合自己心意，或者自己所求不得，我们便苦恼不堪，陡生怨念。心上的负面情绪不仅会对我们的生活产生负面的影响，而且还会让我们的身体患上种种病疾，使我们的身心苦不堪言。

心灵虽能产生苦乐的经验，但其实我们的心，对于各种感受和经验也是有着主导能力的。莲花生认为，人的心性本来光明圆满洁净，人们之所以深陷于烦恼和痛苦之中，乃是迷了原来的心性。众生需要用某种方法将自己从迷妄、烦恼、痛苦之中引导到光明觉性的大道上来。尽管，莲花生以及诸大菩萨、世间的大善知识们都在做着度脱众生、帮助众生化解烦恼的工作，但真正能让我们从烦恼痛苦中解脱出来的那个人，还是我们自己啊！

2　崭新的人生，从修心开始

那位长久无子的因陀罗部底王自从得到莲花王太子后便万分疼爱，但这位智慧无比的太子，即便是尚且处于少年时代，即便是在富丽的王宫中享受着锦衣玉食的生活，也依然没有忘掉自己化生于世间的最初发心——要证悟那无上的智慧，并把这解脱的方法传授给世间众生，使一切有情都能从烦恼的绑缚中解脱出来。

在王宫里的每时每刻，莲花王太子思索的都是生命的真谛以及来到世间的真实意义。他想唯有证得那种圆满究竟的境地，广度一切众生，并使他们圆满安乐、有所成就，这才是他来到人间的意义啊!

如是思维之后，莲花王太子的生命状态便又有了一层升华。于他而言，此时的人生与之前的人生已经有了截然的不同。他在禅定中观照着现前的生命众相，他不仅观照着自己的生命，也观照着自身与所有一切众生的生命。

自己的生命与所有一切众生的生命，到底有什么差别呢?

自己的生命与所有一切众生乃至一切法界的存有，到底是不是真实的呢?

这些所谓的“真实的”现象，是何时发生的?它们又将在何时消失?它们生起的原因是什么?它们消失的原因又是什么?

自身的生命与其他众生的生命，到底是不是一体的呢?这生命啊，这生生死死的相续不断的生命现象，哪里是起点?哪里又是尽头?还是永远都没有尽头和终点，有的只是无涯的相续循环?

还有很多很多问题，在莲花王太子心中不断浮现出来，他也不断地观照着，同时莲花王太子也在观照着、修炼着自己的那颗心。

就这样，他安住在禅观之中，思维着生命的缘起，思维着人类自身乃至整个法界的因缘。

这情景，与佛陀端坐在菩提树下成就无上正等正觉的那幅画面一定极其相似。莲花王太子的身体上一定被日光或月光镀上了一层光芒，又或者，这光芒本就是他从自心中发出的觉性之光。

太多太多的时候，我们被外物所牵绊、所绑缚、所拘役。我们总是难以静下心来，不要说是安住于某种境界了，即便是安安静静地打坐、读书、品茶，似乎都成了一种“奢望”。为何？因为我们太忙了，忙得已经没有时间和精力照顾我们的那颗心了。

可是，如果我们不去观照自己的那颗心，不与自己的心展开如实的对话，我们就永远不可能扩大自己的心量，也就永远不可能从狭隘之中跳脱出来。为何会有“出离生死轮回”这样的说法，就是因为所谓的生死轮回都是一个有限性，我们要超越它，趋向一个无限而开阔的生命状态中，这个生命状态并不是说我们死后所要去的一个什么世界，而是在我们的生命尚在时的一种全新的状态。

真正的解脱状态需要我们自心证悟而不是向外驰求。“一味向身外寻求自我的人，怎会找到自己？好比一个笨人，进到人群中，便受到外境所惑，而忘失了自己，一旦忘失自我，便四处乱寻，不断误将他人当作自己。”①

① 莲花生大师作，刘巧玲译：《无染觉性直观自行解脱之道》。

很多时候，我们就是那个“笨人”，把身心安宁的希望寄托在外部事物上，也许是伴侣，也许是财富，或者是名利，或者是权势，可这一切又有哪一样是专属于我们自己的呢？因着时空因缘的作用，某个人、某些事物进入到我们的生命之中，我们也只是扮演着“路人”的角色，在某一段时间里爱上某个人、照顾某个人，在某一段时间里享用着财富、流动着金钱。世间万物可被占有，更不可能被我们带走。

一旦我们想明白了这个道理，心上的枷锁应该可以松开些了，心头的重负也该减轻些了。如此，心灵的本质便是觉醒的、圆满的、开放的，以这样的一颗心活在世间，那么生活中的艰难苦困和挫折变数也该不会成为折磨我们身心的“凶手”了吧。

况且，世间种种痛苦的现状，其实无非是无明迷妄的果报。苦很可怕吗？但是四圣谛中的苦谛确实提醒我们要如实地认知世间一切的事物和现象。佛教认为，苦有三种，身心受苦是为苦苦；妙乐的感受、外境消散而去，这是坏苦；世间万物诸法迁流不息是为行苦。若从苦的内容再做细分，则有八苦，生老病死已经是四种身心痛苦了，此外还有爱别离苦、怨憎会苦、求不得苦和五蕴盛苦。

这诸般的苦，切莫要怕，我们虽然无法浇息它们，但却可以用智慧之甘露使心头的热恼冷却下来。心中有妄念，世间有苦难，这才为世间众生提供了修行修心的契机，莲师遗留在世间的珍贵教法，也是为了让我们体认自己的这颗心，他是在谈“心”，谈心的本质，谈心的妙用，也是在谈心的自行解脱之道。

所谓修心，不是说读了多少佛书、钻研了多少佛法就能够成就圆满殊胜的果报了，真正的修心修行，是要将佛法落实到自己的实际生活之中。莲花生大师说，若是能够如法修持，即便是目不识丁的放牛娃也可修得正果，只要他愿意改变自己的心念、改变自己的行为，那么他的人生便总是处于开放的、崭新的状态之中。

修心，不仅是为了安顿身心。于现实生活中安宁自处，也是为了开悟智慧、了悟身心以及世出世间的缘起法，了悟这如幻的体性。

当年莲花王太子为增长智慧而追随色珠仙人修学，他在经过一段时间的修学之后，为了了悟法界缘起这个无上甚深的道理而研读《华严经》，在其中的《寿量品》中便显示出娑婆世界与阿弥陀佛所在的极乐世界之间的相对时空。而这也恰好说明，不同的世界都因为各自的不同因缘而呈现出别样的时空现象，这些时空现象都是一种“相对”，因而我们更没必要执著于眼前的人、事、物，只要心头生出执念来，我们一想到自己执著的不过是一种“相”，而这种“相”是需要破除的，也是虚幻不实的，那么尽管我们很难马上破除它，但至少能让自己的执念减轻些，心头的烦恼轻了，再对治起来就会容易些。

那么，莲花王太子在研读《华严经》时都了悟到了什么呢？“在娑婆世界释迦牟尼佛刹的一劫，等于极乐世界阿弥陀佛佛刹的一日一夜；极乐世界的一劫，等于袈裟幢世界金刚坚佛佛刹的一日一夜；袈裟幢世界的一劫，等于不退转音声轮世界善光明莲花开敷佛佛刹的一日一夜；不退转音声轮世界的一劫，等于离垢世界法幢佛佛刹的一日一夜；离垢世界的一劫，等于善灯世界师子佛佛刹的一日一夜；善灯世界的一劫，等于妙光明世界光明藏佛佛刹的一日一夜；妙光明世界的一劫，等于离超过世界法光明莲花开敷佛佛刹的一日一夜；难超过世界的一劫，等于庄严慧世界一切神通光明佛佛刹的一日一夜；庄严慧世界的一劫，等于镜光明世界月智佛佛刹的一日一夜。”[1]

不同的世界，不同的时空，不同的因缘，而唯有那心性——众生的心性、觉悟者的心性，是同一的。不论是觉悟者如佛陀，还是烦恼满怀者如我们世间众生，在心性上都是圆满如一的。也正因为种种时空因缘不同，我们才会遭逢到不同的境遇，有了各自不同的故事，可无论是一生平坦还是半世挫折，我们都是走在觉悟心性这条道路上的行者，从这点上来说，所有一切众生都是平等的。从另一个角度，觉悟的角度说，不论是悟性极高的上根之人，还是冥顽不化的下根之人，他们最终都会觉悟，就好比长跑一样，总有先到终点的，也总有落在人后的，可最终，大家的去向都是同一个地方。只要他愿意跟随觉悟者的脚步，哪怕走得再慢，也会走向觉悟者所在的地方。

如同那些殊胜尊贵而又心怀慈悲的觉悟者一样，莲花生大师为了度化世间那些被烦恼所缠的众生，他辗转多地求师修学，但却不随染于世间的种种学问中，因而不会生起贡高我慢之心，也不会形成所知障。一切世间学问，都是世间法，莲花生大师明明白白地彻悟到，不论掌握多少世间学问，它们都可以与佛法相融，同时，它们也都是为了众生之解脱而现起的圆满、庄严的事业。世间学问是为解脱众生而使用的工具，它们也是如幻多变的，因此莲花生大师才不执著于这些世间学问上，即便他学问再大，也不会生起傲慢之心和贪著之心。

莲师的心，总是圆满如一的，就如同众生原本光明清透的心性一般。

---

① 莲华持明：《莲华生大士全传》（上册），中国社会科学出版社2004年版，第270~271页。

3　人生中的真实，只能是当下

莲华持明在《莲华生大士全传》中说："过去无际、现在无住、未来无边。"在我们看来，似乎时间在自己余下的生命中，还有大把，今天的事情可以拖到明天，明天的工作可以拖到后天，而后天的任务安排呢，似乎又可以拖到下一天，因为我们觉得时间太多了，所以才一拖再拖。可事实上，我们常常又陷入另一个矛盾中，似乎时间总不够用，比如当我们需要静下来谛观自己的内心，与自己的内心对话时，我们往往觉得这是件浪费时间的事儿。又或者，看到别人通过静坐的方式来调理身心，排空杂念时，觉得这种修行方式很好，但我们真的会亲身实践吗？恐怕只有很少的人会这么去做吧。我们的借口通常是：自己要忙工作，忙着准备考试、照顾家庭，等等诸如此类的借口一拥而上。最后得出的结论是，我们没时间关注自心，也没时间修行。要么就是一直往后拖延，今天先忙工作，明天再去修行，这似乎是个不错的安排。

但是，我们却很容易忽略了这样一个真相：世间一切皆是无常！我们的生命充满着种种变数，外境也不可能因我们而有所停留，今天我们还在呼吸着，也许明天就突遇某事而与这个世界永远地告别了。

这个真相虽不讨喜，但它依然是真相——我们这个世界，我们的生命，最大的真相便是无常。无常从来不会因为人们憎恶它、不喜欢它就不会发生，不论是立下丰功伟绩的伟人，还是碌碌无为的平庸之辈，不论是雄伟高大、耸入云天的地标性建筑物，还是寻常皆可见的茅草屋，这些事物在无常面前，都不过是瞬息生灭的境相而已。

从前如何，未来怎样，我们总是为了这些迁流不息、变化不止的事物而烦恼横生，殊不知，过去的是非恩怨早已过去，将来的祸福悲欢尚未来临。过去的，将来的，都不该成为扰乱我们内心安宁的原因。而我们的心，应该安住在此时此刻之中，安住于当下之中，因为唯有“当下”才是人生中最为真实的存在。

我们往往对未来期待甚多，以至于当下烦恼甚深。未来是个未知数，偶一期待倒也无妨，毕竟人总需要对未来抱有一种憧憬、一种期许，如此才有继续走下去、走到未来的动力。但如果我们难以将自己的心安稳下来，总是活在对未来的焦虑之中，那恐怕生命中所有的精彩享受终将与自己无缘，而自己所能感受到的，也只是对未来日子的无尽的煎熬。

世间有多少人活在对未来的焦虑和烦躁中，便有多少人活在对过去的追悔和遗憾中。我们似乎已经忘了，随时随地地保持一种清醒觉知的心态对于我们的生活是何等重要。

“清除过去之念，不留纤毫痕迹；向未来之念开放，不受他境所染；安住当下心境，不修整造作”[①]，唯有如此，我们的心才是开放的，唯有开放的心灵才能够有所接纳、获得成长。但是，保持一种开放的心灵状态，而又不去执著，时刻让它处于一种饱满又自在的状态之中，这是一种功夫，并不容易掌握。对于世间一切众生来说，这种心灵状态，可以从当下得来并且一直保持下去——这个过程，也是修心的过程。“所有念头都是当下生起，当下寂灭解脱”[②]，我们的心念如流水一般，又如

---

① 莲花生大师作，刘巧玲译：《无染觉性直观自行解脱之道》。

② 莲花生大师作，刘巧玲译：《无染觉性直观自行解脱之道》。

空中云朵一般，它们不停地变化，我们虽捕捉不到它们的痕迹，但心念却可以影响行为，哪怕当下一闪的念头，都会对未来产生极大的影响。

当下之所以是真实的，不仅是因为我们能够觉知它、体察它、把握它，而且当下的心念影响着未来的行为。除了当下，其他什么都不可把捉，尽管每一个"当下"在瞬息之中成为了过去，每一个"未来"在以极快地速度又成为"当下"。

此时此刻，当我们专注于手头的事情时，便不会再被外境所影响。莲花生大师在坟场中苦修时，他念念都是如何精进修行才能证悟圆满的境界，然后救度世间苦难众生，以至于外境的种种恐怖景象都被他无视。

一个把心思放在书本上的阅读者不会在意周围嘈杂的环境会对他带来什么影响，一个专心照顾婴儿的母亲也不会在意身处酷暑还是严寒之中。当我们沉浸于此时此刻的经验中，不追悔过去，不渴盼将来，只是将短暂的当下好好地体验，我们便很难再产生出焦虑、烦躁等情绪。你的心越是平静平和，你的当下便越是专注，这种专注给我们带来无上的喜悦，而唯有专注能够使我们安处平和之中，连那妄念都不可能再轻易生起了。

心的真正本性便是处于觉醒状态的慈悲和智慧，而一切有成就的修行者，他们的心性必然光明灿烂，自在的觉知者，随时随地都保持着觉醒。那动荡不安的情绪、恼人烦人的念头，无非是因为我们缺少对当下感受的觉知。我们活在恐惧和迷妄之中却日日不能自省，我们只相信眼前这变化无常的世界，却不肯让心安处于当下的真实中。

4　为什么，你要执著？

何以精勤修行的人能保持内心平静喜悦而很少有痛苦焦躁的感受？何以有觉悟的人能呈现出旺盛蓬勃的生命活力，同时也把生命的喜悦传递给身边的人？何以智慧甚深的瑜伽士对世间百态能够洞若观火，不生起那焦灼、忧虑等负面情绪？

何以，莲花生大师身为一国太子却能舍弃富贵权势，甚至舍弃生死而追求无上的善法？

因为他们与众生相比起来，自心便有一种觉悟性。但事实上，所有一切众生都是平等一如的，这种觉悟的能力一切众生悉皆拥有。而众生之所以还是“众生”，是因为内心尚有执著存在。这执著的念头包括很多，比如关于自我存在的意识、关于他人存在的意识、关于如何延续生命的意识、关于生命状态的意识，等等。这些意识成为我们心灵上的枷锁，难道不是吗？我们在思考如何防范别人的时候，在对其他生命产生轻贱傲慢的念头的时候，就已经将自己封锁在一个狭小的天地里了。更可悲的并不是我们将自己那自由灵明的心封锁起来或是将自己封锁了起来，而是对因执著而产生的种种枷锁和障壁视而不见。若是我们终己一生都被执著牵引，受制于执著，那这样的生命何谈活力、何谈喜悦和幸福呢？

年少时的莲花王太子是如何对“执著”这种心病进行观照的呢？

莲花王太子了悟到，世间“我执”深重的众生都认为“我便是我”，其实所谓的“我”，不过是一场幻觉！我们的秉性、情绪、思想意识、身体结构、外貌气质等等这些都会随着内因外缘的不断变化而做出改变。既没有固定不变的生命状态，也不会存在一个长生不死的独立个体。可是，世间众生却深陷于我执的封闭性之中，因了这种封闭性，他们的生命才带有了局限性。

世间众生，不断地渴求着、追逐着、拥有着、欢喜着，同时也在失去着、悲伤着。不仅所谓的"我"不过是一种因缘聚合之物，而且世间的万物万法也都如此这般。

莲花王太子又观想到，我执深重的众生，就如同是大海中的一滴水，他只看得到自己，却不知道有大海的存在。独立的个体与所有一切众生融汇到一起之后，便是一个和合的整体。好比水滴与大海相融之后，不仅没有消失自我，反而在大海中得到了生命的延长。此时，"自我"与其他众生相融在一起，一朵浪花激荡起另一朵浪花，然后这些浪花又倏地归于大海的平静。不论是归于寂静，还是激荡起浪花，都是因缘所生！所有这些现象都在无常之中变幻着，没有一刻停息。

如此观想，生命不过是短暂时空因缘中的相续变化现象而已。可众生还是执著于这不断变化的现象，时而忧伤，时而欢喜，内心完全不能平静。这种执，正是众生的无明，正是众生长期痛苦、烦恼丛生的根源所在。莲花王太子在未出宫修行之前，便以十分透彻的道理对因陀罗部底王讲说精进修行的必要性，他说："贪欲、嗔恨与愚痴，这三毒的病根是很难摆脱的，就像我们的影子一样，在生生世世当中，纠缠着我们，引导着我们，制造了黑业。就像乌云所覆盖的大地一样，一片的黑暗。"①

众生不晓得我执是多么可怕，他们带着贪嗔痴三种邪毒，用身口意不断地造业，若是稍有善根，闻听善法并如法奉行，那么

① 莲华持明：《莲华生大士全传》（上册），中国社会科学出版社2004年版，第159页。

造下善业也还罢了；若是心存邪佞，不信善法，制造恶业，那么最终吞下苦果的还是自己。

事实上，被贪嗔痴三种邪毒侵害的众生，根本无法忍受任何痛苦，身上的一点疼痛都使他们无限苦恼，更何况心中的烦恼如此炽盛，根本没有办法得到刹那的安住与喜乐。

而一个修行人应该达到的境界就是通过“自内反省，来观察自己贪嗔痴的影子，使自己的身体、心灵能像透明的水晶一样，没有任何杂染……让心灵不再有任何贪染的欲望，使所有的贪嗔痴自然消融无际。”①

对于有一定修行成就的人来说，能谛观到生命状态也好,万法万事也罢，都是在如是因、如是缘中所形成的如是果而已，因此他不会生起执著，心无挂碍，自然不会被外境所困，也就没有身心被缠缚的那种痛苦。他知道自己的本觉心性与这虚空无有分别，乃至与一切流转幻化的法界都没有任何分别。

外在的痛苦，可以经由观想、禅定等手段来降伏对治，但心灵深处的痛苦却如影随形，难以调伏，而且不经常反省或遇明师点拨，众生自身很难明了。因为执著，我们妄念丛生，把财富看作是自己的,把名利看作是自己的,把爱情看作是自己的，乃至世间万物，最好都能统归于自己，人间诸事，皆能顺遂自己的心意。这正是因为执我为恒常实有而产生了种种颠倒梦想，自这颠倒梦想之中又产生出各种痛苦。众生在烦恼的大海中，如此地生死流转、疲劳无助，永远难以解脱。

莲花王太子在离宫之前，望着那位对他疼爱有加的养父动情

---

① 莲华持明：《莲华生大士全传》（上册），中国社会科学出版社2004年版，第159页。

地唱诵了一首修行曲，这修行曲不仅唱出了他当时心中的觉受，更是对因陀罗部底王的规劝，也是对世间众生的开示：

“有缘故人相会　最后终将离散
暂时聚首相遇　最后必将远离
世间无常　没有任何不变的有为法
一切君臣的相遇　恍若市集
纷纷扰扰　终是晨时相聚暮时散逸
过去的人　已经离世远去
生命的无常变化　总是令人悲怜
我们的身体是有为之法　必然终将毁弃
人生匆匆　宛如过客一般速来速去
一切的有为法　都是现前无常的
我们将我执的墙围加高　关住在里面
也不能够增长帮助我们长生不老
一切的亲情只能令人衰老
不能使人生命长住
具足广大的财富　也终将散去
徒增我们的苦痛而已
人间的英雄虽然叱咤风云
也难逃生命的期限
流浪在十方
真正实证了佛法的修持
才可了悟究竟的真理
我要找到真实的一乘教
皈命真实的如来之道

让父母也能够成就无上的佛果
这才是真正的大孝
愿父王一切都吉祥”①

生命之无常变化，令人常存惋惜，眼看着韶光匆匆流逝，自己却一无所成，又不知修学善法，等到老时便追悔莫及。既然世间所有物质存有和生命活动都不过是时空因缘聚合下的一种现起，总是如梦似幻的，总是变迁不息的，那为何世人还要筑起“我执”的高墙，把自己的全部身心都关押在里面？莲花生大师认为，这是因为世人不了解无常的真相，或者说，明白却不肯承认。一味地逃避无常，并不会令其消失，反而是让自己身心困顿、焦虑不安。

有人认为，执著金钱、执著名利、执著情爱等等，这样的执著要不得。但莲花生大师以其甚深微妙的智慧警醒世人：真实不二地断除执著的法门，应该是远离空、不空，好与坏的分别、是和非的区分等相对观念皆不可执著。执著于金钱、名利等固然不好，但执著于世间善法、修行法门，一样也是会给身心带来挂碍和束缚。

经常见到很多人广行善事却又在内心加以攀缘。尽管行善助人本身确实是修行方法中的一种，但也不能执著，否则行善本身就会成为桎梏身心的一把枷锁。不要以为多多行善，就会让自己增加福报——修行不是为了得到福报，而是要培植出菩提心，利益众生的同时身心安乐清净。

① 莲华持明：《莲华生大士全传》（上册），中国社会科学出版社2004年版，第162页。

但事实上，任何一种感受、境遇都不该去执著。越是令你感觉舒心的、欢愉的，便越是不能生起贪爱之心，否则在欢愉之后感受到的便是万千痛苦。你我众生，都有解脱的能力，而莲花生大师更为我们指明了修行的最佳状态："顺其自然，无作无为"。任何地方都可以作为自己修行的道场，任何众生，无论他对自己怀着善念还是恶意，对自己有害还是有利，他们都是来度化我们的菩萨。而做到这种境界的前提便是不要那么执著。

莲花王太子对因陀罗部底王唱完那修行曲后，眼角湿润，满心哀伤，想到父子一场，即将分离，心头自然是十分难过、十分痛苦。可见，传记作品中的莲花生，也是有血有肉、有情感、有不舍的普通人，是一个活生生的人，与世间其他众生并没有什么不同。只是，为了获得究竟的善法，为了能够用善法利益众生，为了成证圆满的觉悟境界，莲花王太子还是离开了父母，离开了爱妻——美丽贤良的太子妃持光女。持光女与莲花王太子本来恩爱和睦，她明了莲花王太子心中所想的一切，便要追随其后，不论他去哪里，她都要紧紧地跟随着。

莲花王太子心中虽然不舍，但他深知，自己即将走上的是一条充满艰难的修行觉悟之路，他要在寒林坟地之中修行，还要四处拜访名师，不断地修学。若是带着太子妃同行，这恐怕会成为自己修行、证道、弘法道路上的障碍。所以，莲花王太子最终还是拒绝了她的请求。持光女怎么舍得莲花王太子独自前往可怕的坟地尸林里去苦修？她跑回王宫，希望能借助因陀罗部底王的力量来成全自己追随莲花王太子的心愿。

趁着王妃持光女离去这空档，莲花王太子对拥聚在宫殿门前的人们做了一次开示，他说："我们应该了悟整个生命无常的真实，我们的身体像海边的树木一样，总是会生生死死，无常变化着。我们身体的力量元气，也像山上的云雾一般，时常翻滚变化、没有不变的时候；我们的心念也像天上的闪电一般，无有停时，倏明倏暗。我们的生命更像草尖上的露珠，朝阳一照到时，很快就蒸发消失无踪了。宇宙中的一切万象都在无常之中，倏然流过。”①

“我们应该了解生命无常的真理，我们也应该了解整个生命都是由因缘所成就，也都是无我，没有不变的主体的。千万不要执著自己的生命，用无明的烦恼运作着贪嗔痴三毒，指导自己的身体、语言、心念来造作种种的恶业，使自己堕入了罪恶的渊薮当中，而不能够解脱。我们应该体悟生命无常的真实，体悟无我的真谛，如实地在佛道中修持，圆满的增长生命智慧。”②

莲花王太子向人们做出如此谆谆教诲，无非是希望人们能够觉悟自心，认识自己这本来无染光明的本觉心性，唤醒正念，走上正途，在这一生实现生命的转化与飞越。

在四处求学修行时，莲花王太子曾在色珠仙人那里听到如是教言：“如果为了救度一切众生，菩萨可以修学一切的世法，但必须心中毫无染着。”③因其毫无染着，才不会画地为牢给身心设限，你不执著，不设限，你的人生便是趋向于圆满的。

作为莲花生大师佛学思想的精髓，《无染觉性直观自行解脱之道》是他开示给世人关于人之本来觉性的最直接法要，这部佛学著作源自《宁静忿怒尊无上自性解脱最胜教敕》，该著

① 莲华持明：《莲华生大士全传》（上册），中国社会科学出版社2004年版，第175页。

② 莲华持明：《莲华生大士全传》（上册），中国社会科学出版社2004年版，第175页。

③ 莲华持明：《莲华生大士全传》（上册），中国社会科学出版社2004年版，第229页。

作首先阐明世人体认觉性、直悟佛性的重要意义，其后提出开示本觉的要点，从理论上说明只要人们体认到自己的内心本觉，就不需要向外求索，而能当下即时觉悟，解脱清净，此著作的主旨即是“为你真实解说自己的本来觉性”。世人往往自设限制，偏执贪婪，认虚幻为实有，皆因不能了悟自心本来之觉性。

莲花生大师为世人揭示，这本来的觉性清净圆满，所谓解脱，便是由迷妄走向觉悟。法界一切皆是由空性所生，而世间众生若能了悟因缘、空性等种种道理，随时随地自观为佛。何者为佛？便是那自觉、觉他、觉行圆满者。

佛是空性，亦是法性。若是众生能念念生起“世间有情，皆同是佛”的平等观，若是能时时刻刻安住于这个见地，那我们便不会对众生有分别之想，而是以平等一如之心来观想众生，以平等一如之行去对待众生。若是真能如是去做，那么“我执”便可渐渐瓦解。一旦各种执念瓦解，心灵便如同解开了缰绳的马儿，可以自由地奔腾起来。若是马儿身上生出慈悲和智慧之双翼，那么这种自在便更为殊胜。

所谓修行，便是给自己的心灵一个转变的机会。莲花生大师在其佛学著作中提出修行的总原则：观自性，破分别。体认到自我与诸佛、我与众生的不二心性，体认到生死涅槃、万有诸法都在那一心之中，这便是“大圆满法”。

“不论当前的知见学说、立论何等分歧，所谓的心性，便是你的本觉，它是自然生起的无上觉性。应知，观者及观照本来不二，当你观照，不妨寻找观者为谁，若遍寻不得，此一妄见便顿现其穷，而自然瓦解。这妄见一了，即是你重生的一刻。知见及持此知见之人并无分别，若能不落入空见或空境，当下的觉性顿显空明，这便是大圆满见。”[1]

“心”具有真和妄、清净和染污、觉悟和迷乱的区别，这是一个心体上的两个方面，犹如一枚硬币的正反两面，但只当下一念觉悟，离染至净，就可以即刻成佛，立时解脱。同时，大圆满法还认为心外无物，一心具备万法，不仅外界事物之运动变化是自心的变现，而且连诸佛菩萨也不例外。

元末明初的宁玛派佛学家隆庆饶绛巴把大圆满法解释为一种自然智慧，他认为大圆满法的特点是“不堕各方，行自然智义，犹如猛兽狮子用利爪制服众兽；说大圆满本语而制伏劣乘，说大圆满语而安置本义；大圆满境无佛众生，大圆满基无善恶，大圆满道无远近，大圆满果无得与非得，大圆满身无是与非是，大圆满语无变化与非变，大圆满意无法相，大圆满界无尽与空，大圆满处无高低，大圆满法无行与非行，大圆满技能无圆满与非圆满”。[2]一切生死涅槃、世间诸法都于这明空心性之中，圆满无缺，本性自足。

若是众生都能了知这个道理，并生起坚固勇猛的大无畏之心，那么即便身处轮回的海洋中，也不会心生恐惧，反而因为常怀慈悲智慧而欢喜无比，轮回涅槃之间再无分别，众生与佛之间也无差异。

既无分别，又无差异，况一切显现只是心性的流露，那么我们为何还不快快放下心头的执著，给自己一次重生的机会，让自己那困重的心转向轻松灵明呢？

---

① 莲花生大师作，刘巧玲译：《无染觉性直观自行解脱之道》。

②《三部要义释真理宝藏论释》，《隆庆全集》第三函，德格印经院藏文木刻本，第2页。

第三章 所谓随缘

一直很喜欢这样一句话："引起贪欲的外境，不过如同水泡一般，贪什么，执什么，一切不过镜花水月一场，随缘安然岂不更好？"

所谓随缘，并非是要我们无所事事，更不是用这两个字来作不努力、不奋斗的借口。随顺外在的条件和情状，不强求、不躁进，但却要努力去做。任何因缘聚合都会组成一个过程，在这个过程中，一切有为法都在变化着，也唯有变化，才会给我们的生命提供突破的机缘。

1 生命中的一切有为法

眼前的女子，曼妙姣好、声音婉转，双眸幽深，可惜，无论多么可爱的红颜最终也会被岁月刻上风霜，曾经光洁的面容被苍老衰败替代。这个变化过程，我们并不陌生。

眼前的高楼大厦，里面的房间布置得甚是豪华，墙上有名人字画，庭院里有绿草红花，居者可以在悠闲的午后安然地晒太阳，或者放上一曲交响乐，用美妙的乐曲赶走心头的疲劳。可惜，多么豪华的住所在百年、千年之后，依旧会成为废墟一片。

眼前的美好事物终会消失，令人嫌恶的事物亦复如是。因为这些都是“有为法”。它们是因缘和合而生的事物，所以，当构成事物的内因外缘有了变化，整个事物便也出现变化。谁也阻止不了，谁也不要妄想阻止。外境如同水泡一样，我们的心念更是如此。每一个心念都是刹那性的，当下生灭。昨天你爱着某个人，盼着与之白首偕老，可过不多久，也许就因为生活琐事而与之大动干戈，甚至对其恨之入骨。之前的人和眼前的人都是同一个，可为何当初的甜蜜恩爱最终被相互仇恨所替代？当初的挚爱何以变成了怨侣？

爱情虽然神圣，但毕竟充满了种种变数，从最初的“希望彼此都幸福”的美好愿望开场，也可能以爱侣变仇雠为结局。不独爱情如此，世间万物莫不如是。

《金刚经》中有一首很著名的“六如偈”：“一切有为法，如梦幻泡影，如露亦如电，应作如是观。”

僧肇说：“诸法如电，新新不停，一起一灭，不相待也。弹指顷有六十念过，诸法乃无一念顷住，况欲久停？”[①]

诸法于刹那之间变迁生灭，从没有停留的时间，事实上，我们刚生起要把握、认识某个事物的念头时，这个事物就已经发生了变化，甚至消逝掉，虽然有些变化是我们肉眼看不到的。诸法不仅在刹那之间生灭变化，而且它们是众多因缘条件和合的产物，它们只是暂时性的存在，而且从来不是孤立的、单一的。一切万物，都无常存，这对于我们来说，便是一种无奈的苦，我们在生老病死中打转，从“存在”走向“不存在”（死亡），而且这个过程不由我们自己做主。

有为法的变化过程，有些很是缓慢，是要经过百千万亿年才能看到其迁变结果的；而有些有为法的变化则在瞬息之间，比如突如其来的灾难就能摧毁掉一座房屋或消灭掉一个生命。如此思

① 僧肇：《注维摩诘经》，《大王藏》第38卷，第356页。

维，有为法果真是靠不住的，它令我们痛苦烦恼，因为我们抓不住自己想要拥有的人、事、物。

可其实真正令我们痛苦烦恼的，却是心底的魔王——无明。

无明窝藏在我们内心的最深处，若不是有着时刻保持的警觉和清醒，我们很难发现它。无明与我们形影不离，我们就像是无明烦恼的奴仆，没有自由，被痛苦玩弄于股掌中。当我们尝尽了各种苦楚，终于想到要踏上那对治无明的解脱之路时，但往往此时，生命也即将走到尽头，徒留悔恨和恐惧而已。

所以，莲花生大师普劝世人应该在年轻时就踏实地修行，证悟自心的本性。仅仅是明白“一切有为法，皆是无常无我”这个道理还远远不够。无论在理论上钻研得如何精深，都不如将理论付诸于生活中，不然自己的生命始终得不到改善和提升。

对于“一切有为法，皆是不实存在”的说法，世人往往有所疑问：既然所执著的对象为不实存在，那么执著的心也应该是不实的存在，那么为何我们又会生起贪执的心呢？

因为我们每一个人都被无明所障蔽，虽然有人已经认识到“既无贪执的外境存在，也没有贪执的心在，为何自己还在贪执？为何自己还在被那贪执的烦恼所缠？”即便如此，世间多数众生还是很难下定修行之决心。他们觉得，如果修行必会有诸多约束，就不会再像从前那般自由自在了。

世人所谓的自在，乃是散漫无状、随心所欲、不加节制且容易对他人造成伤害。而一个修行的觉悟者所谓的自在却是身心的不黏着，他们的心不会盲目地跟从外境而起伏变化，他们能觉察到烦恼生起的源头，并且在短时间内平息烦恼。他们从不或很少自作缠缚，虽然每天为了生活都在忙碌着，可内心充满喜悦和快乐。

很显然，这种人是幸福的，也是智慧的。只是，很可惜，这样的人世间太少了。多数人最关心的还是物质享乐。人生苦短，那就好好享受。享受生命，说来也不算错，但最高等的享受，既是利益自己也是利益他人，而且这种“享受”不仅不会造下恶业和罪障，还会让自己的生命在觉悟中得到提升。这种提升，不是说像魔术师变戏法那样“变”出财富和地位，而是不论身陷何种境地，都能心中洋溢欢喜。任何境地，不论是顺境还是逆缘，他们都仿佛安住于喜乐之中一样。

对于这些精进修行、不断努力通往觉悟的人来说，他们深知唯有那觉性才是“空明无染，非由它生，真实无杂，明空不二”的，也正因此，他们的心才不迷茫，他们的心是光明的，生命的导向自然掌握在自己手里。

2 人要有颗随缘的心

世人总是竭尽全力地寻求享乐、获得安逸，不成想却反而找到诸多痛苦，让自己在烦恼之中一再堕落，不得解脱。莲花生最初以慧眼观察世间众生，发现被无明所缠的众生实在无数，他们不明了生命的真实意义，本来身受诸苦，还在自酿苦果。

在我们的生命中，有些际遇本来是善缘，能带给我们正向的牵引，可我们一念执著，善缘也将变成恶缘。

当外境苦恼现前时，它们便成为我们成就觉悟的逆增上因缘。所以，当外境苦恼生起时，我们不仅不应该恼恨，还要生出欢喜的心，生出善念。恶境的现起，便是清净业障的开始。就好比我们感觉到头痛乏力，觉得身体不舒服，然后去看医生，也许因为就医及时而检查出身体的其他病症，并得以及时治疗。

寂护法师来到吐蕃弘法时遭遇重重阻碍，尽管当时的吐蕃赞普赤松德赞万分无奈，但那时有那时的机缘，从各个方面来说，当时未能顺利弘法，若是放眼长远去看，也未必就是坏事。若是当时没有遇到重重障碍，寂护法师也不会把莲花生大师推荐给吐蕃赞普，自然也就不会有进藏的因缘。

对寂护法师而言，弘法时的阻碍是一种违缘，而对于整个藏传佛教的发展来说，正是因为有了最初的违缘，才有了莲师进藏的机缘。

我们的人生是一个过程，而且是流动着的过程。此时此刻，我们遇到了一些不顺利，那是因为机缘不合适，但若把这些不顺利纳入到整个人生过程中去看，它们也许正是我们人生中其他阶段的助缘。

不论做什么事情，都讲究“适因适缘”，即便是佛法的弘传和修行者的证悟也不例外。

世人最大的错谬之处便是憎恶逆境而沉溺于顺境。若是我们的眼界够远，我们的心量够大，便该体认到人生中的一切因缘都是顺缘。如果生命中全部是顺境而没有任何违逆的境遇，那我们就会心生贪执，生出傲慢悭吝的心。

有智慧的人总是如实地观察外境，而不是盲目地随顺外境而迷惑。障碍出现在我们的生命里，并不是毫无原因的，智者会经由观察外境而觉悟到更深层的原因。于是，同样的障碍对于不同的人来说便成为觉悟的契机或者是压垮自己的最后一根稻草。

对待一切境界，最智慧的做法就是不取不舍，“现观宛如嫩草生芽一般，不要执著也不要忘失，它自然会逐渐增长，终将成证圆满。”①

不仅是世间众生应该随缘自适地生活，而且觉悟者、大菩萨化度众生的时候也是随缘教化、应机说法，可见，佛法智慧并不是刻板而固定的，有智慧和慈悲心的觉悟者总是随着外境的情状而作出相应的教化。

在莲花生大师化度的无数众生中，有这样一对夫妻：丈夫本是当时印度东北边界金洲国的王子，妻子则是印度另一小国哲达然扎的公主。按说这两人身份高贵，皆是富贵之身，应该好好享受生活、舒舒服服度日才是。可这是一桩不幸的婚姻，王子面目丑陋，身散怪味，而公主美丽优雅，只因对方的压迫利诱而不得不与其结为夫妻。

自此，哲达然扎的美丽公主寝食难安，日渐消瘦，然而丑陋的金洲国王子内心也很痛苦，他知道自己不被妻子喜欢，可又担心妻子的身体会在痛苦中煎熬下去，于是日夜守护，使得原本虚弱的身子也更加消瘦了。

其实这夫妻俩本是善根之人，只是心中有结难开解，才会落得如此烦恼满心。也正因此，莲花生决定用佛法智慧来救度他们，使他们脱离内心的烦恼。

莲花生的度化手段很有意思，他装扮成一位表演幻术的魔术师，来到王宫前进行各种有意思的表演，因为围观、惊叹的人太多了，以至于皇室都邀请他进宫表演，以愉悦王宫的众人。

莲花生大师在表演时，丑陋的王子惊叹得合不上嘴，他内心充满惊喜，暂时放下了因为被妻子嫌恶而造成的忧伤。而美丽的

---

① 莲华持明：《莲华生大士全传》（中册），中国社会科学出版社2004年版，第107页。

公主也在一旁偷偷观看，忘记了自己不幸的婚姻，也忘记了要绝食自杀的事。其他那些观看表演的宫人也纷纷赞叹，可是他们哪里知道，莲花生大师是以一种游戏的方式在演示佛法。

莲花生认为说法的因缘已到，便对王宫里的人们讲说佛法，“一切有为法皆是无常、无我”，莲花生大师先从最基本的常识说起，为的是能够让听者先生起一个正念。

既然宇宙中的一切事物都在无常中变化，那么便是如幻梦般不真实，如闪电般易逝。如果世间众生能够了解到一切事物和现象的这个本质，那么就不会因为得不到财富而痛苦，也不会因为心爱的人要与自己离别而难过。也正因为世间一切是无常无我，如同幻梦一般，所以一切事相只在当下才有意义，而当下也是念念即逝的，因此“当下”便更该珍惜。

莲花生大师又说，不仅世间的一切事物和现象如幻化一般，而且这个幻化世间万象的人就是我们自己，确切地说，是我们自己的心！

这世间的事物，和莲花生表演的魔术有什么不同呢？不过都是幻化的人在幻化出百态万象而已。只是，修行的人更应该称得上是玩魔术的行家，他们的心灵境界比普通人高，所以他们的感受能力、觉悟能力也比那些不修行、没智慧的人要强。所以，生命于前者而言，是一种充实感，即便遭遇重重磨难，也能安然度过。这并非他们有什么特异功能，而是因为他们了悟到的道理比常人多，他们踏踏实实地在生活中修行，在烦恼现起的时候从不回避，被欲望烧灼的时候也不躲开，而是直面这些烦恼和欲望。也正因如此，才可在欲望和烦恼之中得以觉悟，并最终清除烦恼，超越欲望。

莲花生深知，眼前的这一对夫妻之所以度日如年、倍感痛苦，就是因为不明白“一切有为法，因缘之所成”的道理。一切的因缘都是无常变化的，男女之间相遇、相处的因缘自然也不例外。世间多少众生，总是不能以积极的心态面对身边的人事关系，不能在现前这如幻的外境中修习自心，然后创造属于自己美好光明的未来，而只是一味地陷在贪嗔痴中，生出种种颠倒梦想，并在自造的苦恼中痛苦打转，不得出离。

有人认为，佛法智慧虽然好，但却和现实生活过于脱节，佛法解决不了爱情婚姻问题，也解决不了如何获得财富的问题。但莲花生在对众人做出开示时，便是以有为法之无常善变开头，继而切入到爱情婚姻的问题上。

莲花生大师告诉王宫里的众人，世间万物都不是独属于我们自己的，所谓爱情亦复如是。我们与另一个人结为夫妇，不是为了控制对方。而世间众生之所以在爱情婚姻中生起种种烦恼，正是因为我们对爱人的执著和控制，这种控制既让自己心累，也使对方反感。因为心中的执念而给自己和对方造成各种痛苦烦恼，很多众生，自己是觉察不到的。

“这就如同女人的心中，想着男人，想要去独霸这个男人，这时她想要控制男人的这种心病，其严重的程度简直超过任何心脏与肉身的疾病；而男人心中想着女人，想要控制女人的时候，就会完全疯狂一般。”①

看到这些，你还能说佛法与世间生活一点关系都没有吗？莲花生可是公元8世纪时期的佛学大师，他说的这些问题，在现今社会中比比皆是，这又岂能说佛法智慧是过时的？即便莲花生的

---

① 莲华持明：《莲华生大士全传》（中册），中国社会科学出版社2004年版，第216~217页。

这些佛学思想为后人从其传记中获知，但点明的道理却很透彻。

真正良好的夫妻关系不是控制，而是以慈悲之心帮助对方，在世俗生活中行菩萨行，修一颗光明智慧的心。这样才算是美好幸福的因缘，如果一念贪执，妄图将对方完全据为己有，那么便是自己给自己找来了无限烦恼。

男女相处是有为法，是一种因缘，自然有聚有散，有合有分。两人最后是白头到老还是中途分手，实在也是内因外缘、种种条件造作下的结果。不痴不怨、不迷不恨，这才是对待爱情婚姻的智慧态度，当然，也可以归结为三个字：不执著。莲花生大师说："因为无常的缘故，所以我们才能够积极地创造如幻的幸福光明。千万不要一心一意地想要控制对方，当心中生起了心病之时，心魔实在难以止息，我们应该要放下一切，好好地修学佛法，现起清净光明来帮助对方，这样子才能够造成永远良善的因缘。"①

莲花生一边表演着幻术，一边演说世间万象的因缘聚合道理。王宫里的那些皇室成员只是认为他讲的都是很有智慧见地的话语，但莲花生说的这些话，却仿佛一支支利箭，射进丑陋痴情的王子和美丽命薄的公主的心里。在表演之后，他们便请莲花生大师继续讲法。莲花生度脱众生心中的烦恼，便是随顺内因外缘而做。

在他讲述上面那些道理的时候，人们并不觉得腻烦，而且他配合着表演的幻术而演说世间有为法的幻灭无常，也算是入情入理，人们听着不厌倦，这才有继续听闻佛法的可能。

---

① 莲华持明：《莲华生大士全传》（中册），中国社会科学出版社2004年版，第217页。

莲花生化度这对夫妻的经过，我们细观便能看出种种因缘：丑陋的丈夫对美貌妻子的贪执形成的烦恼、美貌妻子对这桩不幸婚姻的恼恨、莲师表演的幻术被人们喜欢以至于他有进宫表演并讲说佛法的可能。这对夫妇心中烦恼甚多，胸中的痛苦如火灼烧，因而才对莲师说的话深有感触，而这对夫妇心中本有的善根，才使得他们愿意亲近善知识，闻听更多佛法并以佛法来开启智慧。

这种种因缘，若是缺少了哪一个，他们夫妻二人都无法得闻正法，得以化度，最终解脱身心。而我们纵观莲花生大师化度他们夫妻的前后因缘便不难发现，所谓的"随顺境缘"并不是完全不做人为的努力，而是不使用"蛮力"，也不因为对目的抱有执著而深陷痛苦之中，在违缘现前时，选择一种更为智慧的方法来达成目的，这是一种智慧，而在这个过程中，我们更需要从心底生起正念，只要一切都是为了众生着想，那便是无上的正念。

"心有所属，名为攀缘。攀缘取相，是妄动之始。"①

这种攀缘衍生出的便是贪欲，是烦恼，而产生攀缘的根源则还是无明，人们根本不了解心之本性，也正因如此他们才会痛苦丛生，也正因为世人被无明所缠缚而烦恼万千，莲师才留下佛学著作和伏藏传承，为的就是能造福更多的众生，尽管他已不在我们的这个时空，但他对于"心"的阐述、对于身心解脱的开示，还是对我们有着许多助益。

正如莲花生大师所言，众生的烦恼都是因为不了解心性，是"自作缠缚"，若是得见心性，并按照一定的修持方法，过一种正道的生活，那么今生今世便可解脱身心之困重。修行为的就是去

① 僧肇：《注维摩诘经》卷五。

除烦恼，前面我们也提及许多关于“对治烦恼”的话题，那么究竟什么是烦恼呢？

佛教所谓的烦恼，“泛指众生身心发生的恼、乱、烦、惑、污、嗔等消极的、否定性的心理活动。”[①]这些否定性的心理活动都属于“染相”，它们不仅使得众生不得快乐欢喜，而且还妨碍众生达到觉悟，因此，八万四千种法门为的目的只有一个：去除这些染相，控制这些消极的、否定性的心理活动，不要使身心被其缠缚。

众生之心具有认识觉知的作用，而如果被妄念所缠，被世间万象所迷惑，那么就会被自心所生的错误见解和心念牵引着过活，从而陷于重重无尽的烦恼之中。心执取于外相，并由此而产生烦恼，这些烦恼又作用于心，于是，心与烦恼便构成了一种互为因果的关系。

比如，世间的爱情尽管使人身心愉悦，产生一种幸福的感受，但如果我们心生执著，执著所爱之人，执著于两人之间的感情，那么就会给自已也给对方带来许多困扰。

不仅爱要适度，我们做任何事情时也是如此。佛家最倡“中道”，这“中道”便是不执不取，当然也不是完全地被动，什么都不去做。

众生缺乏面对真相的勇气，缺乏自省的力量，尽管世间所有一切众生与觉悟者（佛陀）在心性上本来无二，可终究因为散漫懒惰而容易在修行的道路上半途而废，重又堕入烦恼的心海，也许这烦恼比之前的还要更多更重，他们的执念愈深而攀缘之心也仿佛是挣不脱的枷锁。所以，修行不是儿戏，修行之路说容易也

---

① 杨维中：《中国佛教心性论研究》，宗教文化出版社2011年版，第26页。

容易，说艰难也艰难。

遥想佛陀当年修行悟道之后便四处弘法，在他弘法之时，便有恶人出于嫉妒而对他加以诽谤、陷害。有恶人在杀死了一位妓女之后，就把她的尸首丢在释迦牟尼讲法的精舍附近，陷害说是为他所为。莲花生大师在修行弘法的时候，不也经历过这种种逆境吗？

佛陀也好，莲师也罢，都是大成就者，他们在修行、弘法的过程中尚且会遇到这许多的磨难，更何况是我们这些平常人了。事实上，一个人的发心越大，他的磨难反而较普通人更多、更重，因为这些逆境违缘就是要来成全他的心愿的，如果他在逆境违缘中不动不摇、心无挂碍，那么他的成就绝对是不可思议的。

于是,这些大成就者在逆境之中往往能显示出超越常人的平静，这平静安宁并非是伪装出来给别人看的，而是他们的内心真正地安住在明空寂静之中，他们明了万法的生起必定有个内因外缘在起作用，既然无法改变外境的因缘，那就改变自心，心念一正，不再执著，行为上便示现出不可思议的力量，这种力量不仅能改变自己的人生，也能影响到身边的人。

众生的自性本然就是"不假外求"、"本来圆证"的，能够证悟到这一点的必定是个明白人、觉悟了的人。在《永嘉证道歌》中有云："梦里明明有六趣，觉后空空无大千。"梦中的各种境相很少有人会当真，但这大千世界不也是如同幻影一般吗？确实，在现实生活里，我们饿了吃饭、困了休息，与心爱的人分别或相聚，与冤家对头相争，为了生存而忙碌奔波，这一切都是真实发生的。佛教并不否定这种现实性，也没有说现实生活不重要，可是，这种现实性很不稳定，是因缘聚合而成的，这一点我们都明白，但为何当真的面对生命中的变故时却难以接受、百般痛苦呢？明白道理并不等于心上获得了觉悟，不然，为何世间有那么多人在爱情无果、事业无成时说着“随缘随缘”，可自己的心上却还是烦恼万千呢！

3　随缘随心与得过且过

我们在遇到一些自己无力做到的事情时，往往喜欢说“一切随缘”，比如遇到了心爱却又得不到的心仪异性时，比如在做着难以掌控结果的事业时。

所谓随缘，佛学上称之为“随顺因缘”，与之相关的词汇还有很多，比如“摄化随缘”，意即“随顺众生的种种机缘而以相应的方法去摄受和教化”，莲花生大师和许多有着智慧见地的觉悟者便是如此。他们在度化众生时从不是一味地讲说佛法，而是选择适因适缘的度化手段，来帮助众生祛除身心烦恼，令其步入正道，趋向解脱。

这是随顺内因外缘的大智慧，也是随顺自心本性的大修行。

世间万法诸事要聚合起来，无不需要因缘条件的作用，任何一种事相无一例外，即便是佛法也是如此。纵观《莲华生大士全传》和其他的文献资料，在谈及佛法于雪域大地的弘传时，必先交待其清净因缘。一些传记作品中认为，正是因为“万王之王”松赞干布的出现，因为他迎娶了笃信佛教的文成公主和尺尊公主，并将佛法的种子撒播在雪域大地上，才为莲花生大师日后能够在雪域大地上弘传这广大圆满的教法树立起殊胜的因缘。

当内部外部的各种条件都具备了，人们只要随顺这种种条件即可，即便条件不足，也可以创造条件，或者静候因缘的聚合。

一个有智慧的觉者，他不仅会随顺因缘，而且还能有所创造，而不是在因缘不足时不顾一切地蛮干，更不是怨天尤人，无所事事。这就好比同样是面对时间的流转，觉者用来观察世出世间的实相，在世间修炼那颗心，以不断地提升自己的生命质量；而对心灵毫无觉察的人，却只是一边唉声叹气，慨叹时间飞逝，一边对充满着无常变幻的生命充满恐惧，对死亡充满恐惧，自己终究一事无成。

觉悟者虽然随顺着因缘，但却不被因缘所迷。而更为非凡的觉悟者，不仅自己能堪破因缘诸法之变幻，更能从中引导其他众生，也生起那觉悟之心。觉悟者让自己的心保持在清醒的状态中，不陷于外境的变化中，也不会因为人生中的种种变故而痛苦烦恼。

在莲花生所救度的众多男女中,有一个是地位显赫的藏王赤松德赞，延请莲花生大师进藏弘法的，便正是这位赤松德赞赞普。藏王有个心爱的女儿叫白玛赛，小公主正当青春年华时不幸患上急病，最后不治而亡。望着爱女冰冷的尸体藏王哀伤地痛哭着，莲花生开示说，世间有为诸法都是无常，有出生必然有死亡，尽管生命的结果是死亡，但死亡也不过是生的另一种现象，一切众生圆融于我们一心之中，那么逝去的亲人也好，分开的爱人也罢，都不曾与我们真正地分别，而我们自己，终究也会逝去，所谓的解脱，便是对世间的无常诸事不加染着，这是对无常的超越，也是对生命的正确态度。

莲花生要藏王赤松德赞随顺生命因缘的安排：爱女的病逝，其实是对死生有为法之无常幻化的示现。人在年轻时会因为各种意想不到的原因而失去生命，那么，世间的生者既然观察到生命如此脆弱无常，就更应该抓紧时间精进修行，在有为法中觉悟自心，实现对短暂生命的了悟、对无常生死的超越。如果我们只是沉溺在对死亡的恐惧和拒绝之中，那么即便活着，也如同已经死去。觉悟者并不是不考虑生死问题，而是他们已经考虑清楚了生死问题，所以即便生命短暂易逝，在他们看来也没有什么可悲哀痛苦的。这就好比，人生中的苦痛是无所不在的，但觉悟者不会用享乐来麻痹自己，自欺欺人地说："只有我拥有足够的财富，只要我的欲望都能满足，我就可以感受到无尽的快乐。"已经觉悟的人，他们会承认痛苦的存在，但是这些苦难却能够成为他精神和心灵上不断净化、转化的动力与契机。

不要小看你生活中遇到的每一次苦难，也不要咒恨那些让你烦恼的事物，你生命中戏剧性的遭遇，很可能就是为了告诉你：就在当下，便是你认识心性、消除烦恼的机会。

佛教认为，六道是见思烦恼之变现（佛教中将烦恼分为见思烦恼、尘沙烦恼和无明烦恼。见思烦恼是执著，尘沙烦恼是分别，无明烦恼是妄想。见思烦恼又称为"见思惑"，是一种根本烦恼）或者说，见思烦恼是我们在六道中不得出离的主要原因。

"见思烦恼"也叫"见思惑"，见思惑便是凡夫的疑惑，这其中又可分为"见惑"和"思惑"两种。

"见惑"，是指知见上的迷惑，包括身见、边见、邪见、见取见、戒取见等，也称为"五利使"；"思惑"则是思想上的迷惑，包括贪、嗔、痴、慢、疑等，又叫作"五钝使"。

断烦恼，悟心性，这需要一个长期的修持过程，而世人往往认为如此修行，实在太过艰苦，因此半途而废者数不胜数。莲花生大师认为，要想彻底断除烦恼种子，就必须了达心识无自性的实相。现起的一切贪嗔痴等诸种烦恼，无不依凭着有情的心识而生起，这些都是心所有法，是心识的活动，因此也有生住坏灭的过程。

因缘所生法，乃是由种种因缘假合而生，所以根本没有自性不变的主体。心识所产生的种种生灭法，便如同幻化一般。正如莲花生大师所说的那样，心识如同一个魔术师，而心上的种种苦乐悲喜的感受也好，各种外境事物也罢，都不过是心识这个魔术师幻化出来的而已。

既然是幻化中的境相，那么我们也不要做好坏对错的分别了，也不要继续执著和沉迷了。如果有这样殊胜的智慧，那么自然面对诸种烦恼生起时能够做到不抗拒也不相随，既然是一场幻相，又何必抗拒或相随？不过如同观看幻影、戏法一般。以此正见观察烦恼，那么一切烦恼也就无所住，就好比是天空偶然出现的乌云，不过一时遮蔽了自性的智慧光明，待一阵风吹过，乌云散开消失，无有踪迹，自性光明便又顿现。

只要觉悟了心性再加以踏实的修行，那么众生出离烦恼，获得身心解脱，就不只是一种理论而是一种事实。莲花生对世人劝说道，若是了悟心性，那么即便不识字的放牛娃也会获得解脱成就；若是不能了知心性，那么即便是学问深广的班智达，也会在世间继续迷惑下去。

可见，若要拔除烦恼的种子，并不是多么难的事情，修行贵在有恒心，而了悟心性，则更是众生皆可做到的事情。

第四章 你要看到人生的真相

世间众生总是害怕真相，因为他们担心真相会刺破自己那道最后的心理防线，即这个世界不仅是变化无常的，而且是不能凭借外力操控的。祈求神灵也好，真诚祈祷也罢，虽然这些举动能够使心灵平静，但却留不住分分秒秒都在变化之中的人、事、物。

然而人生的真相就是如此，尽管它有些残酷，但最早看到生命真相的人却早一步比我们获得觉悟。真相从不讨喜，可它却是一道电光，刺破我们的执著，因为我们执著的不过是一些幻象。

1　无常便是世界最大的真相

人生是什么？世界是什么？人生的意义是什么？世界的真相又是什么？

面对这样的问题，不同的人会给出不同的答案。而在佛教看来，人生是一个过程，世界也是。因为是过程，所以必然是迁流而多变的。佛教中的三法印其中之一便是“诸法无常”，它所揭露的便是世界的最大真相——什么都留不住，什么都在变化着，不论你愿意不愿意，这些变化完全不受你的意念控制。

而人们其实是害怕变化的，因为一切变化皆不可把控。财富丰厚者害怕有一天会变成穷光蛋，相貌美丽者担心有一天会人老珠黄，将爱人拥入怀中者害怕对方有一天会变心，身强体健者担忧有一天自己会健康不在。恐惧的背后，其实是因为人们对变化的未知。可是，人类自身、人类社会乃至自然界，无一处、无一刻不在变化着。无常遍布了各个领域。

《杂阿含经》卷十有云：“世尊告诸比丘，譬如恒河大水暴起，随流聚沫。明目士夫，谛观分别。谛观分别时，无所有，无牢，无实，无有坚固。所以者何？彼聚沫中无坚实故。如是诸所有色，若过去、若未来、若现在，若内、若外，若粗、若细，若好、若丑，若远、若近。比丘！谛观思唯分别，无所有，无牢，无实，无有坚固。”

世间万法，种种现象，无不如是，稍有停留，旋即又变。只有那些觉悟者才能在五光十色的世界背后看到万法善变的真相。但世人却往往执幻为实，他们烦恼的根源便在于，一定要把那些瞬息万变的事物据为己有，好比树上的猴子看到水中月亮的皎洁美好，便要捞取上来，从此长久占有。岂知，水中的月亮能打捞上来吗？当然不可能，可世人常犯的就是这种错误。

《大智度论》卷四十三云：“无常亦有两种：一者念念灭，一切有为法不过一念住；二者相续法坏，故名为无常，如人命尽，若火烧草木，如煎水消尽。”是说世间有两种形态的无常现象，一种如同一闪念般短暂，不过是一个念头闪过的时间，一个事物现象就已经历了一个完整的生灭过程。还有一种无常现象，表现为相续的状态，虽然这种相续的状态所持续的时间通常来说比较久长，但也有坏灭、变化的那一天，比如我们的生命状态，比如山河大地，尽管这些事物存有的时间比较长，但终究也不过是一种无常生灭的现象而已。

当然，这些经文或许多少显得晦涩难懂，那么我们再来看一个比较直白的表述。《那先比丘经》通过那先比丘与公元前200年的国王弥兰陀之间的对话为世人揭示出无常的真理。

弥兰陀国王问："那先，对于降生的人来说，他永远会是从前的那个人，还是会变作另外的人呢?"

那先比丘说："既不是原来的那个人，也不会是另一个人。"

弥兰陀国王对这个回答产生了兴趣，便请求那先比丘详细说明。

那先比丘说："我自然还是以前的那个初降生的婴儿，但我长大之后，便与原来的婴儿不同，可我所有的变化都是发生在同一个身体上。所以说，既不是原来的我，也不会是另一个人。"

那先比丘又问："若有人点亮一盏灯，请问，这盏灯能够通宵燃烧吗?"

弥兰陀国王点头称是。但那先比丘说："不管是初夜时的火焰，还是中夜或深夜时的火焰，其实都是从同一盏灯中发出来的，虽然会有明暗的变化。这就好比把牛奶挤出来之后，经过一段时间便可形成凝乳，然后又变成乳酪，之后还会变成酥油。但是，这几种东西都是同一种吗?"

弥兰陀国王说："不，尽管它们都是从牛奶中生出。"

"人和其他一切事物的持续变化也是如此。一种产生，另一种就不存在了。消失与再生乃是同时发生的。如果有人接近他的觉悟状态，那么他既不是原来的那个人，也不会是另一个人。"那先比丘如是说。

在佛陀时代，有位刚刚失去幼子的少妇，她的名字叫乔达弥，佛经上记录过她的故事，而她的故事又被作为反省人生的范本而流传于后世。

这位少妇在幼子病逝后几近疯狂地四处求医问药，希望能有人指点给她起死回生的法门，令爱子得以重回世间。当然，这在旁人看来是一个极其幼稚可笑的举动，因此很多人都以冷漠的脸孔来对待这位救子心切的年轻母亲。

后来，经过一位智者的指点，她来到了佛陀面前。佛陀以无限的慈悲心轻声对她说：“我知道有个方法能让你不再痛苦，但前提是，你需要到城里，向那些从来没有过世过人的家庭要回来一粒芥菜子，任何一个家庭都可以，只要是从没有死过人的就行。”

很显然，乔达弥根本得不到她想要的东西。芥菜子很容易得到，可是从来没有过世过人的家庭，这世界上却没有。佛陀的要求虽然无法办到，但她内心的痛苦却消散了不少。佛陀虽没有直接告诉她“诸法无常”的道理，也没有苛责她希望儿子死而复生的愿望是多么愚蠢，而是以一种有形的、能够亲身经验到的方法进行开示，让她明白人生的巨大真相——无常。

如莲花生大师所言：“这些世俗境界的各种现象，没有一个真实存在，皆会消灭。”[①]当亲人逝去时，我们的心被痛苦和悲伤充满，我们以为只有自己才经受着面对死亡的痛苦，其实，这世间所有一切众生，哪一个不是时刻面对着死亡，又有哪一个没有经历过失去亲人的痛苦呢？当我们把心门打开，把自己从悲伤哀痛中释放出来，不再执著于“我那已逝的亲人”，而是看到更多众生面对死亡时的痛苦，那么随着我们心念中的慈悲被一点点唤醒，原先的痛苦感受便会逐渐减轻。

乔达弥后来又向佛陀求教，希望佛陀能告诉她关于生死的真相：每个人有什么是不死的。佛陀告诉她，无常是宇宙间永不改变的规律，若说有什么是不死的，那就是自身的那颗心吧。

莲花生大师对大众做过许多次开示，他告诉人们，众生之心

---

① 莲花生大师作，刘立千译：《直指觉性赤见自解》。

性“亘古即然”，它“空明无染，永世不灭”。但只有众生首先发愿修行，迈上了解脱之道，才能得证这心性，而生命中所经历的痛苦，便是我们生起觉心的机缘。正如佛经故事里所记述的乔达弥那样，只有她切实地感受到了痛苦和烦恼，才有可能听从觉悟者的指导，认识到生死无常本就是生命中不可回避的现象。

每一天，我们都在与死亡接触；每一分钟，我们的身边都有许多事物不停地发生着改变，而一旦我们对此有所了悟，我们便会对无常充满感恩，因为它时刻催促着我们放下执著，然后，开始崭新的生命。

死亡再可怕，无常再可怕，也不过是促人觉醒过程中的善巧和方便。如此想来，我们心中对无常和死亡的恐惧便该减轻许多了。

莲花生大师在度化众生的过程中，自然会接触到各种各样对无常和死亡心怀恐惧的人们。他并不曾因为人们对待无常和生死之事的愚痴态度而嘲笑他们，反而以大慈悲心、大平等心摄受众生，度其了脱生死，体认本心。

当我们了解到生命必然会消失，一切存有必定会化为乌有之后，我们将变得谦卑而慈悲。这是一种很惊人的心理力量，因为它促使我们重新认识人生，一旦我们自心上生发起重新发现自己的意愿，我们的生命方向便会出现全然的改变。

2　我们的心，也在时刻变化

有觉悟的人明了生命无常、人身难得的道理，因此每天都想着如何提升生命质量。而世间凡夫总觉得正是因为人生苦短，所以才不能寂寞，于是往往喜欢到热闹喧哗的场所打发时间，在散乱、热闹中浑浑噩噩地度过一生。

“心难安住”并不仅仅是这个时代的人们的通病，古今中外，任心散乱的人总是绝大多数的。真正的智者时常安住于一处，不论身或心，极少有放逸散乱的时刻。有人会提出质疑：“如若外部环境噪杂混乱，人就是想要身心安静那也静不下来啊？”

散乱的内在根源正是自己的这颗心，而非外境之如何。心能安住的人，即便身处闹市也不会被鼎沸的人声所搅扰。

为何心难安住？因为我们的心，总在时刻的变化之中。心念纷纭起落，妄念时起时伏。世间大多数人，他们并不知道自己被妄念所困扰。有妄念不可怕，心念经常处于纷纭变化之中也不可怕，但如果我们不能如实地观察自己的心念，并觉察到自己烦恼的根源正在于自心之中，这才真的很可怕。“不怕念起，就怕觉迟”，等老来才意识到对治烦恼对人生来说是何等重要，到时再生起很强烈的求道之心，已经晚了。当然，如果如法修行，那也会有所利益的。可是，我们为何不趁年轻时就开始修心、修行呢？

莲花生大师为了鼓励移喜措嘉能够精进修行，便对她开示道：

“趁年轻的时候努力修持是极为重要的。
当你年老耳拙时，
想听教法，
届时将听不清楚，
想研读经教，
注意力不容易集中，

且记忆力已衰退。

想亲近教法，

身体已不良于行。

想要修时，

也因身体各种元素的力量逐渐衰损无法专注。

想要布施，

但财已非由你为能修持的时候不修持而懊恼，是一点用也没有的。

在年轻的黄金时期却不想修持是多么愚痴啊！

想要精进，

身体已经不堪疲惫，

因老早已让上师及法友们容忍。

当年老，

想要修持时，

已经错失良机。

你的心中会想着，

要是我在年轻时更有修持的决心，

那该有多好！

但为时已晚，

一切已经无法挽回！”

当我们听到他人说起修行的种种好处时，我们便想：“嗯，我也应该过一种清净的生活，不要让尘劳缠缚自心，像一个修行人那样，让自己的生命能量不断提升。”

刚刚打定主意，修行不到几天时间，再听旁人说起修行的种种不便，自己又没有持之以恒的信心，这时心里又开始出现动摇，既不愿脱离红尘生活，又吃不下修行的苦，于是干脆回到原来的生命状态，继续那种得过且过、浑浑噩噩的生活。

我们的心，就是这样摇摆着、变化着，但可笑的是，我们却往往希求外境的人、事、物不要发生改变，如果非要有所改变，最好也是朝着自己希望的那个方向进行，因为我们一直有个偏见，就是我们只对命运要求自己喜欢的、自己希望的，比如一切顺利，比如诸事称心。可命运本就如同一枚硬币，有正面便有反面，命运又如同我们头上的天空，有风和日丽，便有暴风骤雨，这是谁也无法改变的事实。

有人慨叹命运最会捉弄人，不然怎么会有"造化弄人"一说。其实，最善变的并非命运，而是你我的这颗心，心念的生灭变化，那都是以瞬息计算的。

从佛教的角度来说，现在心必然是过去心的相续。过去的心念对现在的生命状态产生着影响，同样，现在的心念也会对未来的生命状态发生作用。

佛陀在觉悟成道后，对四众宣说他获得的一种知识：业，也称因果法则。简单来说，我们的身、口、意无论做了什么，都会产生与之相对应的结果。莲花生大师说："如果你想知道你的过去世，看一看你现在的情况；如果你想知道你的未来世，看看你目前的行为。"①

身体上的动作和语言的表达，其实是心念的外化，而众生的心念又是如此善变，所以许多觉悟者普劝世人，要"善于守护自己的心念"，千万不要因为心念上出现了差错，而影响自己以后

---

①〔美〕索甲仁波切著，郑振煌译：《西藏生死之书》，中国社会科学出版社、青海人民出版社1999年版，第113页。

的生命状态。

佛教尤其强调，所有一切众生都应该生发起善心，并守护好自己的善心。业不是宿命的，它不存在命定性，也并非由外力所决定。业力是可以创造、可以改变的，因为业力如何乃是由心念的动机所决定，而这动机的决定权就掌握在我们自己手上。

心念的力量是巨大的，而且不论是正向的、向善的心念，还是与之相反的心念，都会对自己以后的生命状态产生正面或负面的影响。我们的身、语、意的诸种行为，直接决定着自己未来的生命情状，想到这一点，我们便不难理解佛陀在度化众生时为何经常说“命运由自己掌控”这句话了。

在佛陀住世的时代，有位老乞丐，她见这城中的百姓、贵族乃至王族都供养佛陀及其弟子，便以清净善念生出愿心，希望能供养佛陀一盏油灯。有次外出行乞时，她得到了一枚铜板，于是来到油商那里说要买油来供养佛陀。这个油商对她生起大怜悯心，就满足了她的心愿。

这位老乞丐将油灯供在寺院里，说：“我卑微又穷困，有幸听过佛陀说法，但也听不清楚。现在只能供养一盏油灯，希望这盏油灯能够照亮我的人生，使我获得智慧，希望这光明能够解除世间一切众生心头的黑暗，净化众生之业障，将他们引领向觉悟的道路上。”

就在老妇供灯的这天晚上，其他的油灯都燃尽了，熄灭了，可唯独她供养的这盏油灯一直燃烧到日明破晓。目犍连看到这灯燃了一天一夜居然还是灯油满满，心中很是好奇，他试着吹熄油灯，可油灯的光焰更加明亮了。随后，他又试着用手指去掐灭灯芯，可油灯还是亮着。他又打算用袈裟把油灯闷熄，那油灯依旧在燃烧着。

佛陀在一旁静静地看着，他说：“目犍连，即便你用大海的海水浇到这盏油灯上，它也不会熄灭的。哪怕是全世界所有的河流、湖泊的水都同时浇来，它也不会熄灭的。这盏灯，是以清净心、恭敬心供养起来的，供养人的心念纯正善良，世所难得，正是因为这种心念，供养人必定能够拥有无上的功德，最终获得成就。”

要发起善念，其实并不难，但若要一生都保持善念、正念，那是一件很困难的事。因为每一个众生或多或少都有业障，修行就是为了对治这些业障。《金刚经》里说：“无我相，无人相，无众生相，无寿者相。”若是真的修到了“无我”的境界，那么不但自私自利之心没有了，就连同烦恼业障乃至生死的痛苦也没有了。

我们的心念在时刻变化，所以我们的苦乐感受也在反复变化着。我们总是说，是苦乐感受折磨了自己，其实这正好是本末倒置。事实则是先是我们的心念摇摆变化，产生了各种苦乐烦恼经验。心安定，妄念不生，哪里还有什么烦恼的感受？

以往过去无数心怀慈悲的觉悟者都在告诫世人，有着怎样的心念，便有怎样的生命状态和人生轨迹。

最有意义的人生，便是选择一种对自己负责同时也对他人负责的生活。对自己负责，就是说每一个心念都应该是正向的、向善的、充满喜悦的，在这种心念的作用下，眼下我们的生命状态和境遇也许不甚乐观，但我们会在正向心念的牵引下走向另一种生命状态。在这种正向的生命状态里，我们要做的不仅是继续保持善念，而且还要扩大它。如果说之前我们只需要点一支蜡烛就足够照亮自己前行的路，那么，在进入更高层次的生命状态之后，我们则应该燃起一盏酥油灯。

莲花生说，众生所有的念头，都是当下生起又当下寂灭解脱，前念才灭，后念便生起，这是个相续不断的过程。也正因其相续不断，所以心念产生的作用一直是不停顿的。除非，我们止住念头，不使心识产生变现的作用，否则，意识中的所有念头对未来生命的作用就永远不会停下。这就好比，我们站在岸边，把一颗小石子投进水里，那水面便会泛起一圈一圈的波纹。如果你的力度够大，那么波纹荡漾的时间、波及的范围就会更久、更远。要想使水面保持平静的状态，那就不要往水中投石子；要想使生命安住在平静中，就要停息种种念头。道理就是这样。

世间众生，能守护好自己的这颗心，守护好自己的心念，是一件很难的事情。为何？因为我们每一个人都有无明烦恼，更何况许多众生即便深受烦恼煎迫却依然无动于衷，反而在世俗享受中自得其乐，全然不知还有更大的痛苦在以后的生命中等着自己。

在藏区，很多孩子都听过这个故事。

从前有位屠户养了许多牛，为了维持生计，他每天都要宰杀一头，然后去街市上贩卖牛肉以换取生活费用，但是那些尚未被宰杀的牛，根本不知道死期将近，还在追逐嬉戏。

佛陀带着弟子路过这个屠户家，一见这些将要被宰杀的牛，就生起极大的悲悯心。他对弟子们说："这些牛可真是愚痴！眼看就要大难临头了，却还在游戏，就算放它们逃走，它们也不肯。为何？因为它们贪恋眼前的这片青草地，殊不知，在这村庄外面，还有更为广阔的草场。"

过了一会儿，佛陀又感叹道："不但牛是这个样子，人也是如此啊！被牵往屠市的牛，步步近死；人活一日，便好比牛走一步，日日都趋近死亡，大限将至时，满心恐惧烦恼，为何不及早觉悟，了脱烦恼痛苦呢？"

据说，为了醒悟那些懒惰、散漫、自满的人，佛陀向世人示现灭度，告诉人们死亡是生命中无可逃避的事实。同时也告诉人们及早地了悟无常，是多么地重要。要了悟无常，可以先从我们的心念入手，既然我们自己的心念都是如此地变化无常，我们又何必对外境贪恋执著？变化迁流的心识都无自性，那外境的一切，就是真实的存在吗？

3 唯有变化，才是生命趋向圆满的契机

世间的一切都在无常变动中运动着，也正因为世间的一切都是无常变迁而又相互依赖，所以我们的人生和命运才能有改变的机会。

从这个意义上讲，变化是生命趋向圆满的契机。

当然，这种种变化是需要依靠因缘作用的。佛陀在觉悟之后，向弟子们宣说十二因缘的道理，这十二因缘也称为十二缘起支，是佛教重要的基础理论之一。佛教典籍中说，佛陀在菩提树下安住于止观禅定之中，如是观之。

佛陀首先观察到众生的老死苦恼，这是人生所不能免除的痛苦事实，而老死的源头则是"生"。有情生命之所以会出现生老病死的现象，乃是因为"生"的存在，如果无"生"，自然也就不会存在老死的痛苦。

那么，为何会有生呢？生的源头是"存有"。

所谓"存有"，就是法界中一切的存在状态。法界的存有是如何成为有情生命的境界呢？这是因为有情众生怀着执取的心

念。这便是十二缘起中的“取”，也就是执著而妄取的心。这颗贪取执著的妄心，是有情众生堕于三界之中的原因。如果，众生了悟到，三界的存有也不过是一种现象存在，与自己本是无关的，自己也无需执著，那么自然也不会产生渴爱的心念。正是因为我们心念中生了渴爱，所以才执著妄取，给自己带来种种烦恼。

现实世界的本源是“爱”，是以欲念为中心的“爱”。爱又分为色爱和法爱，它们是有情众生生命活动的力量。这种渴爱，就好比是口渴的人对水的强烈欲求。在有情众生的生命活动中，爱欲乃是最为根本的，所以众生对于快乐的感受有着强烈的欲求，同时，对于苦受又怀抱着强烈的厌恶、抵触和回避之心。爱，来自于心念之中的感受。

这里又引入了十二因缘中的“受”，即苦乐等各种感受。它们经由眼、耳、鼻、舌、身、意这六触所产生出感受，又都是因为认识外界，与外界发生接触而产生的。当然，也是经由好恶刺激的种种反应以及过去的无明、心念而生起的。所以说，“受”之所以成立，乃是因为“触”的产生，并发生作用。

“触”是指六根、六境与六识这三者和合而产生的感觉。正因为是感觉，所以，它要依赖感觉能力才可以生起，这感觉能力便是“六入”。

“六入”指的是眼、耳、鼻、舌、身、意，又名为六根，这些是身体的感觉器官，具有感觉、知觉的能力。那么六入的存在依据是什么呢？佛陀认为，正是名色的存在才使六入得以存在。

“名色”中的“名”是指精神，色是指物质存在，也可以理解为心、身的活动现象。六根是依靠身心的现象而存在的，名色便是生命现象的全部，即色、受、想、行、识这五蕴和合而成的整体。名色之所以产生，乃是倚赖着"识"。

"识"也就是意识，是我们认识的主体。识与名色相互依存。识是名色中的一部分，而名色则被识所统一。如果远离名色，那么识就会无法独立生起作用。

"识"依止于行而生起，"行"是业，即身、语、意三业。业便是造作、行为之意，业的作用主体，是由无明所生的各种错误认识，再加上意志的作用，便决定了身、语、意三业在现实世界的趋向。再由此而推，无明是生命意志的根本所依，而生命意志又是业所形成的根本。

"无明"即是无知，无始以来的愚痴便是无明。无明决定了生命的轮回，它是导致生命轮转的根本力量。一切有情由无明行为而显现出生命现象，又在现实世界中轮转不息。

再把十二因缘的次序理顺一下，那应该是这样的：无明缘心行，心行缘识，识缘名色，名色缘眼、耳、鼻、舌、身、意六入，六入缘爱，爱缘取，取缘有，有缘生，生缘老、病、死、苦。宇宙万有一切生命现象，无不在这十二缘起中流转变化着，除非无明断除，生死方才解脱。

世人每每听到这些，便顿时觉得身心之累愈加困重，此生难有解脱之期。他们只是看到了生命流转之苦、之累，却忘记了，正是因缘的不断流转，才为我们提供了出离烦恼的可能。

缘起法可以用四句话、二十个字来加以概括说明："此有故彼有，此生故彼生；此无故彼无，此灭故彼灭"。缘起法的道理，理解起来并不困难，但真正地落实到现实生活中却并不简单，因为"我执"是一种极难祛除的心病，不是念了多少咒、读了多少经、了解多少佛学知识就可以祛除的。

法界万象，都依于缘起法而建立起来。佛陀在菩提树下谛观缘起法，了悟到十二缘起的真理。佛陀又用四种不同的因缘来分别说明十二缘起。这四种因缘便是：刹那缘起，在一刹那、弹指顷，法界万象便具有十二因缘的作用；相续因缘，是说十二因缘是前后刹那无有间断的、相续的；分位缘起，十二缘起中的每一缘起都贯通了三世，按照次第顺序而现起；远续缘起，这个缘起就不是相续性的了，身心五蕴之缘起，即便在相隔多生之后，还是会无限地连续。

众生的轮回苦恼，在觉悟者的眼中清晰而明白，但世间众生并非经常能有听闻正法的机会，如果错失了认识自性的机缘，那么将是十分可悲的事情。

生命轮回流转不息，正是在这种变动过程中，我们才有了使生命趋向于圆满的契机。但一直有个前提：我们的心念，必须是打开的，如此，我们的生命才是开放的，而不是停滞的、死板的。充满了变化的生命，才真正是处于成长的状态中。当然，我们可以选择使它趋于正向，也可以选择使它转而沉沦。到底是趋于圆满、正向，还是走向彻底的烦恼，这选择权都在我们自己的心上。正如莲花生大师所说，“心性原本就是那一念”，生命行走的方向，完全由我们自己选择。

虽然法界一切物质存在、生命现象乃至所有一切众生的心理活动都在分秒不停地变化着，可到底也有不变的事物，比如众生的本觉佛性，那明、空、觉性，圆满不可分的一体。世间的一切如幻现象都是从这觉性中变现的。这种空性我们不可捕捉，更不可占有，但是，我们那本觉的心性却是这一切世间如幻现象的总摄。莲花生大师把他了悟到的道理告诉世人：“从究竟的密意而言，一切世间的外相象征即是法界所显的体性，是从如幻空性当中所究竟现起的……我们如果不执著，能够以精进的菩提心念，来总摄这一切世间的如幻现象，那么佛法与世谛，在此也能够得到融摄，我们也能善巧地运用这些幻化的妙术；但是如果我们心一生执著，就成为世间法，反而是解脱的障碍了。"①

变化是一种动态的力量，也是法界事相空性的体现。莲师说不要执著于佛法和世俗谛，而是应该将其圆融于一心之内。其实空性和变化更不能执著。空性和变化为解脱身心提供了条件，但只要执心生起，便会形成障碍无数。

面对变化的最智慧的做法，终究还是应该不抗拒也不排斥，既不为任何事、任何外境动心，也不是抱持一颗僵化紧锁的心。随顺变化是好，但若能做到从心性上把握变化，那便更好。很明显，要做到这一点就必须将自己置入红尘中，正所谓"红尘炼心"，即是如此。

4 外境对应着你自己的心

各种不同的外境，带给我们不同的感受，有些感受美妙无比，有些感受则让我们痛苦不堪。世人往往忽视了心灵的变现力量，而在感觉到痛苦的时候四处寻求解除身心痛苦的灵丹妙药。种种痛苦，此起彼伏，皆是由心而造作，不求向内观心、调心，反而向外驰求，难怪我们的身心始终不得舒展自由。

莲花生大师对这种"于此心外，向外驰求"的众生开示道，不在自己的心上寻求解脱烦恼、痛苦的方法，而是把解脱的希望

① 莲华持明：《莲华生大士全传》（上册），中国社会科学出版社2004年版，第565~566页。

寄托于他人、寄托在心外，就好比是“外出追寻象迹，其实你的象正安居家中”。

外境对应着的，是我们自己的心。外境的一切，不过是自心的投影。对我们来说，自心（或者说“自我意识”）是一个既亲密又陌生的伴侣。说它亲密，是因为它时时刻刻与我们不相分离；说它陌生，是因为我们从来没有真正地认识过它。

喜欢看恐怖电影的人都有这样的切身感受，影片中那些可怖的画面在脑海中不断出现，到了夜晚不敢独自去洗手间，也不敢照镜子，不敢接听电话，墙上闪过影子就觉心惊肉跳，甚至连窗外的风声都会引发心头的恐惧。我们都知道，恐怖片只是一场戏，我们之所以恐惧，是因为执假为真，入戏太深。其实，这人生与电影又何尝不是一回事？我们知道电影中的画面是虚幻不实的，难道生命中出现的存有现象，就一定是真实可靠的吗？要知道，我们生命中出现的一切都是短暂的、善于变化的，我们最大的烦恼就在于执著着那些根本不会永恒存在的事物。如果觉悟者说，眼前的情状与一场电影根本没什么区别，相信不少人都会笑他疯癫，其实真正愚痴的正是那些被外境所迷惑、所控制的人。

我们的心，随着外境生起喜怒哀乐，生起爱恨情愁，可我们不知道的是，我们的自心生出来的分别让我们对外境做出种种论断，却又因妄加论断而生出了烦恼。外境有什么对错好坏之分吗？其实没有。这对错好坏之分，永远只是在我们的自心一念间。

我们那喜怒哀乐等一切情绪，随境而生，随境而灭，心常轮转，痛苦难停，烦恼难息。真正要做到如如不动，可不是口头上说得这么简单。且不说能够得到闻听善法的因缘十分殊胜难得，即便听闻了正法，但若能够生起信心，接受正法，从此如法地生活、修持，那实属不易。了悟到空性的道理之后还要按照次第进行修持，这种修持不是要我们学会逃避，而是学会面对。即使我们逃开了不喜欢的外境，但能逃得了自己那颗充满杂念的心吗？虽然有些人平时看起来悠然自得，一团平和，但是当遇诸恶缘相逼时，他们还能保持一颗任运自在、如如不动的心吗？

“这本来圆满的净光，自始便非源自他物，
乃由觉性自生，本身却无父无母，真是不可思议！
自生之无上觉性，亦非由他物所造，真是不可思议！
它既无生，故也无由而灭，真是不可思议！
它虽无所不在，却无人得见真相，真是不可思议！
纵然流转于娑婆世界，却无损其身，真是不可思议！
纵使得证佛性，对它亦无所增益，真是不可思议！
它存在每个人内，却无人认出它来，真是不可思议！
然而你还冀望成就其他外在的证果，真是不可思议！
明知它在自身之内，你却四处寻觅，真是不可思议！”①

心性本觉，空明无染，变现法界一切而圆满自生。莲花生大师对这先天自生的无上觉性接连赞叹为“不可思议”，因为它确实超出了凡夫的认识范围。而莲花生大师所谓的“不可思议”，也是因为这本觉心性无所不在、无生无灭，可惜世人却不能体认到它的真相。

世人极少能够诚实地看待自己的生命，因为大多数世人过着一种混乱而模糊的生活。我们很少有心念清明的时候，当然，这

① 莲花生大师作，刘巧玲译：《无染觉性直观自行解脱之道》。

世界上还有更痛苦的一类人，他们的心念就在混乱与清明之间摇摆着。

也许有人会觉得，这颗心真糊涂也好，假清醒也罢，世间要做的事情那么多，人生又是如此短暂，哪里还有多余的心思考虑自己的这颗心到底有什么能力、可获得什么觉悟呢！对此，莲花生大师早就有过告诫，一个不了解自己心性的人，总是会把他人误当作自己，一旦我们把他人误当作自己，那么我们生命的独立性就会丧失。比如，我们看到他人拥有什么，自己觉得喜爱，立刻就生起对某物的执念；我们看到他人的生活方式很舒服，于是就羡慕、嫉妒起来，恨不得自己也变作那个人，过着如他一般的生活。

可是，我们似乎忘记了，某物也好，某生活状态也罢，那外境不过是对应了我们的心念而已。是我们自己给外境打上了想要或不想要的印记，然后因为自己的执著而产生了悲喜。

在藏地，有个故事几乎妇孺皆知。故事里有双胞胎兄弟俩，哥哥作为长子，从小就被父母送去寺院修学，以期日后修行有果，能够利益众生；而弟弟则作为劳动力被留在家中，照顾家人，专事生产。多年之后，兄弟俩重逢，各自说起自己这许多年来的生活。哥哥因常与经卷相伴，颇感寺院生活之清苦；弟弟则心被尘劳所累，十分向往寺院里的清净生活。

这天，兄弟俩做了约定，弟弟去寺院充当哥哥的角色，哥哥则回到家里，冒充弟弟。他们这样互换身份后，心想，终于可以过上自己向往已久的生活了。

可是没过多长时间，弟弟就熬不住了，他完全不能理解佛经上的内容，也不喜欢吃素打坐，他开始想念家中的阿妈，想念自己亲手喂养大的牦牛，想念辛苦耕种、快乐收获的日子。此时，哥哥也由衷地感到在尘世中生活是件多么不易的事儿，不仅要应付各种俗务，而且许多庄稼活儿他完全不懂，一家人过日子也要计较着怎么用钱，即便是邻里街坊也免不了会有口角发生。于是，兄弟俩再次相约，各自又回到了自己原先的那种生活之中。

这对双胞胎兄弟在结束了互换生活的体验之后，倒确实有了不小的变化。哥哥体会到世俗人的生活有许多苦恼要解决，从此他便更加用功地修学，希望能有所成就并度化世人；弟弟在假扮僧人的日子里，虽然读不懂那些经典，但却觉悟到趁年轻时候修行的重要性，也认识到烦恼的因缘，于是他当了一名在家修行的居士。

寺院的生活就真的那么清苦吗？在家的世俗生活也一定充满如此多的烦恼吗？其实，这兄弟俩不过是忘记了他们自己想要过怎样的生活。我们常把他人误当作自己，这样的错误又岂止是身为当今社会的人们才会犯下呢！可见，不了解自己、误把他人当作自己的这种错误一直都在人间上演。

有时候，不仅我们自己"找不到自己"，拼命去追求如他人那般的生活，还把这种执念扩大到身边人。比如，有些父母对自己的儿女说，某户人家的孩子怎样如何；一些妻子抱怨爱人在事业上没有成就；一些丈夫总觉得自己的妻子又丑又笨，不会穿衣打扮，转而爱慕起其他漂亮女子。很多时候，我们不仅将自己投进了由执念编成的网子里，而且也把身边最亲密的人给投了进去。这种种执念和攀比，乃是众生自找的烦恼。他人的生活未必就美好，自己的人生不见得就是一团糟。你的生命经验如何，全在一念之间。

"一味向身外寻求自我的人，怎会找到自己？

好比一个笨人，进到人群中，
便受到外境所惑，而忘失了自己，
一旦忘失自我，便四处乱寻，
不断误将他人当作自己。”①

不幸的是，我们正是那四处乱寻的人，我们就是那个“笨人”。莲花生大师说：“渴望解脱的众生，可不要再向心外驰求了，我的心和你们的心一样，所有众生的心都是一样的圆满光明、清净无暇。”为何不在有限的生命里体认自己的心？为何还要追逐他人的生活，而不是安心过自己的生活呢？外境的好坏，真的只是一心上的感受。你觉得别人的生活很丰富，于是就愈发地执著这个念头，最后很可能就陷入到自己制造出的噩梦中；你始终认为自己很不幸，自己的生命很苍凉，结果你的人生境遇就真的会屡屡不顺，你的生活就真的会变得愈发糟糕。但这结局是别人操控的吗？当然不是！

所谓解脱，无非是一种圆满而理想的生命状态。许多人的问题在于把解脱当作一种口号，好像自己的日常行为如果不和“修行”、“解脱”沾点边儿，就与时尚脱节了一般。修行是一种生活态度，解脱则是一种生命状态，它们应该是“无修而修”的，应该是自然而然、不落刻意的。这有些像走路，我们只是行走着，而不去想先迈哪只脚。当一个人为修行而修行时，那就已经陷入了巨大的错谬之中。

在古时候，有个弟子天天诵经打坐，师父便说：“一直以来，你都很努力地修行啊！”

① 莲花生大师作，刘巧玲译：《无染觉性直观自行解脱之道》。

“师父，像我这般努力地诵经打坐，是不是很快就会成佛呢？”

师父哈哈一笑，便不再回答。他以为师父是笑他不够努力，还妄想成佛，于是比之前更加精进了，几乎到了不吃不喝、不眠不休的地步。

“师父，像我这样努力修行，是不是很快就可以成佛了？”

“唉，你别痴心妄想了，你这样根本成不了佛。”师父摇摇头说。

“哦？那为何我成不了佛呢？”

“因为佛从来没有想过自己要成佛。”师父一边喝茶一边说。

弟子愣了一下，然后叹息道：“如果佛能早点感受到这人间的痛苦，说不定他早就成佛了呢！”

“唉！对于佛来说，这人间说不上痛苦，也说不上不痛苦，因为他知道这世界只是一个生灭变动的幻象，如同梦境一般。成佛如何？不成佛如何？众生是什么？佛又是什么？他从来不去想这些。”师父呷了一口茶，然后径自走开了。只留下那个一心要“成佛”的弟子，他还呆在原地发愣呢。

如果我们知道，这世界不过是一个巨大的梦境，不论生死都是一种状态和境界，那么我们的心是不是会安定许多？我们对外境是不是就会放下许多？我们的身心是不是就会变得轻松许多？

可惜的是，对于世间大多数众生而言，直到临死前，依然执著地抓住许多事物不放。因为对生死之事的不了解，对自心觉性的不了解，常带着痛苦、遗恨离开这世间。

莲花生大师说，正因为众生不知道，一切外境原本出自于一心，所以他们再三地流转于娑婆世界，所以真正的解脱（即涅槃境界）对他们而言是如此地遥不可及。为何有些人总是抱怨生活呈现出一片混乱，那是因为他们自己的内心乱了；为何有些人不论到哪里，不论在何时，都觉得生命黯淡无光，那是因为他们的内心失去了光明。

在我们身边，总有这样的一类人：他们没有什么明确的人生目标，自己的全部快乐和幸福完全建立在物质享乐之上，其实在这种人身上，多少也能发现我们自己的影子，因为这是尚未觉悟的人们的通病。

这类人，他们害怕自己的生命中会出现意想不到的变故，害怕失去拥有的一切。这种恐惧和焦虑咬噬着自己的心，除非自己占有的物质、得到的享受更多，否则，他们绝对会生出更多的恐惧和无助。

他们借由占据外物而得到快乐与满足，于是，开始学着试图控制身边的人，比如爱人、至亲。因为只有这样做，才能让他们获得安全感。他们的关注点指向外在，却完全忽视了自己的内心。外境有一丝一毫的风吹草动，都会影响他们很长时间。

时而怒火满怀，时而郁郁寡欢，时而兴高采烈，时而愁绪万千，这是他们生活的常态。他们伤害着自己的同时也伤害着身边的人。稍有不如意时，他们便怨天尤人，“为什么这个世界要这样对我”，这是他们最常说的一句话。

先不要笑话这类人，也不要说他们执迷不悟。因为我们每一个人，都犯过这些错误，不仅是过去以往，也包括以后未来。当我们身边的某个人因为担心变化而忧伤不已时，我们往往会站在局外人的角度告诉他：恐惧和焦虑并不足以阻挡生命中的变化，但我们可以在某种程度之内对变化施以影响。

可是，当面对变化的人换作我们自己时，我们的心就完全乱了方寸。因为这些变化与自己的利益相关，我们又怎么还能平静下来？可见，外境对应着我们的心，而我们要做到心上不乱、时刻安稳，就需学着做一个“局外人”，从利害关系之中跳脱出来看问题，或许因为心上没有了分别、执著，对问题反而看得更加清明些了。

“没有任何现象真正地存在，它们迟早会消逝。
涅槃及娑婆中的一切事物现象，
只不过是表相而已，靠那唯一的自性去觉察。
每当内在的心境有所改变，
感受到的外境也随之变迁，
因此，你所见的一切，只是心性的流露。”①

我们对外境的认知，先由眼、耳、鼻、舌、身、意对色、声、香、味、触、法生起感受，然后形成眼识、耳识、鼻识、舌识、身识、意识，这六识共同组成我们对这个世界的判断和认知。

我们在认知外境时，总是带着自己的偏见和个人感受，因此，我们对这世界的觉知乃是在妄心作用下进行的。娑婆世界不一定就是苦难的深渊，涅槃境界也不一定就是美妙的所在。因为这所有的事物现象，相对于心性而言，都不过是表相而已。唯一不变的，便是本觉心性。我们的感受因为受了心念的影响而不断地变化，所感知到的外境也随着心念的变化而变迁，更何况，外境的变动本身就靠着种种因缘的作用而进行着，这种变动总会因为我们自己的认知而被人为地加以区分。

① 莲花生大师作，刘巧玲译：《无染觉性直观自行解脱之道》。

一切外境都是平等如幻的，因为它们都是心性的变现。莲花生大师早年修行过的地方，是一个充满腐败气息和恐怖景象的尸场。对于真正的修行者而言，这里真是殊胜无比，但是对于凡夫而言，这里不过是噩梦一般的所在。在修行者眼中，尸陀林中修行正好可以现观生命无常之现实；可在凡夫看来，他们断不肯直面生命无常的真实境界，反而认为这种地方不吉利，应该及早离开。

同样是尸陀林，同样是布满尸体的地方，但在修行者、觉悟者和凡夫世人看来就是两种截然不同的感受。凡夫面对死亡感受到的是恐惧，而修行者、觉悟者感受到的则是一种无常的实相。为何会有这种差异？乃是因为，一切外境的显现，自然是不离自心本性的。

第五章 苦或者乐，都在一心一念中

生命的真相是无常，但无常绝不等同于痛苦。世人往往惯于否认这个真相，是为着安慰自己那颗脆弱的心而不至于痛苦，可不论我们是否愿意正视无常，它都是存在的。一再逃避的人，一旦面对人生中巨大的变化，往往身心崩溃。

其实，痛苦并不是生命的主色调，而众生之所以要精进地修行，就是要学会勇敢地面对自己的心。是苦是乐，都在一心一念之中，你想拥有怎样的世界，一切都由你的心决定。

1　过去心，不可得；未来心，不可得

春天到来时，大地鸟语花香；冬天到来时，万物一片寂默。四季转移，岁月流逝，但在觉悟者的眼里，时间也不过是一种幻相。

宇宙万有，世间百态，都在成、住、坏、空中不停地转化。有情众生，在生、老、病、死中不停地循环。万有诸法，不论是美丽的、魅惑的，还是丑陋的、令人畏惧的，也不过是无常的舞蹈，是一种幻相。有因缘，便有生起与坏灭轮回交替。法界的自性本就如此。

时间的车轮一直向前滚动，永无休止且无法回转。

时间之轮的转动，于众生来说是轮回的相续。众生的身心不断地变换着种种形态，有时候感觉身在天堂，有时候却恰似身堕

地狱，痛苦不已。累世累劫的尸骨，最终都腐化为宇宙中的一颗微尘，生命在无常中变迁，在宇宙中循环。

相对于漫长无涯的时间迁流而言，人的心念变化不过是分秒之间的事情。《金刚经》中有言：“过去心不可得，现在心不可得，未来心不可得。”

莲花生大师也说：“清除过去之念，不留纤毫痕迹；向未来之念开放，不受他境所染；安住当下心境，不修整造作。”[①]唯有当下最真实，唯有把每一个当下活好，才是对得起生命，因为过去和未来，一个已经远去而不可回，一个遥遥在望而显得不可触及，只有这短暂而又真实的当下，才是我们真正可以把握的。

但是，世间那么多众生，都是因为执著太多，不能活得随缘安然，凭空给自己的生命制造出许多矛盾。

比如，恋爱中的男女，当有一方因为担心对方变心而对其进行二十四小时的管制时，不论当初的爱情多么温馨甜蜜，这都为以后的生活埋下了隐患。因为这种管制，使得双方都疲累不堪，即便没有大问题，两人也会因此而把关系闹僵。当有一方不满、出言责怪时，另一方则用“追求永恒的爱情”来作为管制的理由。

从佛法的角度看，就是因为“追求永恒”这个想法，捆绑了两人之间的感情。好的爱情生活，应该是全身心的享受恋爱过程，两人彼此在心灵上都能获得成长。

佛法是一种“空性”的智慧，在许多佛教经典中都阐述过这个道理，其用意是要众生认识到人生的、宇宙的真相，并在此基础上解除身心的挂碍和束缚，获得一种绝对的自由。这种自由不

① 莲花生大师作，刘巧玲译：《无染觉性直观自行解脱之道》。

需要借助任何外界条件，这与你诵经之后感受到的那种自由和轻松完全不同，也不是你做了什么善事之后获得的那种快乐幸福的感觉。这些自由、放松、喜乐的感受，都是只有具备了一定条件之后才能获得的自由和喜乐，因此，这并不是解脱。

在对物质世界的“有”的空性本质有了一定了解之后，我们就应该不要再把“存有”当作是一种永久而恒常的存在。众生的本心中，因无明而起贪欲执著，他们既不承认物质世界的“存有”状态是一种相对、有待的存在，也不想让其他众生认识到这个道理。还有一些人，他们能看到世间万物的存有是短暂的、相对的，是一种如梦般的现起，但他们却因此反而放纵自己的欲望，毫无节制，为所欲为。

这两种众生，他们不仅内心浮躁，而且欠缺对生命的全面体认。能够了悟到物质世界的空性，这本来是一种很难得的智慧，但还不足以让我们获得身心的解脱，因为我们还需要培植自己的出离心和菩提心，也还需要在现实生活中修炼自己的心。心平静了、笃定了，念头纯正了、清明了，自己的人生才会安稳，在面对无常变化时，也才能保持平静的头脑和接纳万事的心胸。

每个众生的现世生命，只有这么一次，我们不能让自己这鲜活的生命白白地浪费掉。而对自己这可贵的、鲜活的生命的最高规格的敬礼，便是要珍惜当下。不只是因为过去心和未来心皆不可得，也因为我们的生命，正是由每一个当下组成的。

在西藏，有个很古老的民间传说，许多年幼的孩子对这个故事可能也不会陌生。我们把故事里的主人公称为“爱幻想的农人”，这个农人生活十分穷困，在经过很长时间的辛苦劳作之后，终于积攒下相当可观的一大袋谷物。对此他十分得意，并且用绳子把这一袋谷物悬挂在房梁上——他认为那是世界上最安全、最妥当的地方，因为这样可以防止被盗贼偷走或被老鼠咬坏。

这天晚上，他睡在那装满谷物的口袋下，心里开始盘算起来：“若是明天我把这些谷物出售掉，我就能得到一笔钱；若是我狠狠地要上价钱，那么我就会赚得更多。嘿，赚了钱干什么呢？我要买来一头小牛犊，养大它。或者，再去买来更多的种子，这样我就可以在有了收成之后再次出售。嗯，不久我就可以发财了！到时我还要娶个勤快美丽的姑娘做妻子，她为我生儿育女……我的孩子应该取一个吉祥的名字，我要叫他‘扎西达娃’，他会是个聪明能干的孩子……”

可惜的是，这位名叫“扎西达娃”的可爱孩子还没有降生，这个对未来充满憧憬的农人就已死于非命——那个沉重的口袋掉了下来，正好砸在他的头上，他就这样被砸死了。

有多少人就是不肯让心安住在当下的觉念中，或是不愿对当下的境相进行观察而从中获得心智上的开悟。我们不是不可以勾画出未来的美好蓝图，而是不能把所有的心思都耗费在那虚空一般的“未来”中，尤其是不可像蠢人一般，因将来尚未可知的变化而搅乱当下安宁的心。当你对未来充满焦虑、恐惧、担忧的时候，为何不想想，眼前的情状都在瞬息变化之中，你所谓的那些带给你担忧和焦虑的事物，就真的不会变化吗？比如你一想到不久之后的某一场考试就会感到一阵阵担忧，难道你就那么确定考试内容会完全超出自己的能力范围吗？当然，如果是平时不努力学习的话，那就另当别论了。

手头的工作还没完成，便先抱怨着明天要处理的事务很多、很复杂；眼下的事情不去处理，却对未来的安排做出规划。对于世间凡夫而言，我们总是认为自己是真实的存在，自己的心也是真实的存在，那么自己心中的念头呢？那也是真实存在的，因为我们是通过自己那不清净的、充满挂碍和偏见的心去观察事物，并且还很容易受这颗凡夫心的蒙蔽。

如果，我们用佛法智慧真实地去观察自己的“过去心”，那么在刚才一刹那的心，以及心头的念想，到现在这一刻便已经片迹不留了，有的只不过是一种忆念罢了。过去心，念念之中都已不存，现在心、未来心更是如此。

莲师说“清除过去之念，不留纤毫痕迹”，是因为不论什么样的心念，哪怕良善的、美好的心念，若一直挂在心头那也是个执碍。先清空心头的念，才能让正法驻进心中，正念才会生起，正念生起，生命的方向才会步入正途。

“向未来之念开放，不受他境所染”，莲花生大师告诉我们，觉悟者的心是开放的、包容的，同时也是光明的、不呆滞的、自由自在的。这样的心，富有创造力和生命力，因为它无所挂碍，也没有二元对立的评判，因此它可以接受各种境相。

我们往往根据自己的喜恶而给外界境相加以各种评判，但觉悟者的心却不是这样的。身处闹市而依然心神安宁，被人贬损却仍旧坦然自适，当然，这还只是就世间法而言。一个觉悟者，正因为他的心念是敞开的，处于一种接纳的状态中，所以，他才能创造，才能在现实境遇中扭转外境，甚至，他从来都不去想“眼下的境况不太好，这是我所憎恶的，我要想办法扭转这个局面”。

觉悟者的心，绝对不是随着万千境相而起伏变化的，他们能在任何境遇中都保持着良好的状态。莲花生大师在尸陀林中苦修时，那四周可都是各种可怖可畏的场景，但他却在这里谛观生死无常，觉悟生命的真相。

汉地禅宗中有这样一则公案：“心随万境转，转处实能幽，随流认得性，无喜复无忧。”觉悟者随顺着各种外境，但他们的心却是不动不摇、坚固如金刚一般。很明显，莲花生大师不论是在修行时，还是在度化众生时，他的心，都是如此。

但是，对于凡夫而言，情况就不是这样了。做生意的人计较赚钱多少；做股票投资的人，他们的心，也是随着股价的涨落而在喜忧之间不停地转换着，竟没有一刻是安然笃定的。“心随万境转”，说的便是如此，莲花生大师说世间的人们，总是为了无益的事情而操劳，为了获取财富而奔波，心头烦恼万千，被外境所迷转，但是却不懂得思维佛法，还要做自己贪欲和执念的奴仆，想来真是可叹可惜！

过去的心念、未来的心念，我们都无从把握。智慧的觉者并非是让心处在一片死寂之中，他们的那种如如不动，并非是僵死状态，他们的心也并非是完全不动，而是即便在心动时，也能保持良好的状态，自在而轻松。比如下雨了，起风了，他们的心与自然相呼应着，而绝对不会生起诸如“又下雨了，很烦人；又刮大风了，真讨厌”这样的念头。因为不留任何心念，所以心灵上没有负担，时刻都在一种自由的状态中，唯其心灵空明自在，才可以自由地应对世事变化。这样的心，无论对什么都将能面对，都将能应付，自然也可以从容地接受。

一旦我们对心性有所了悟，便超越了悲喜，也无所谓息不息烦恼，也没有“四大皆空”、“不留执著”等念头。真正的觉悟者看起来就是平平常常的，当然，在有关莲花生大师的传记作品中，作者用尽笔墨去描摹他的种种奇异能事，自然是有作者的一番良苦用心，但在藏族同胞的心目中，莲花生大师不仅是心怀慈悲的大成就者，而且还是一位可亲可近可依靠的上师。

我们若能对自心所现的表相保持不执不取的态度，不管它们是虚是实，那便是佛境，而佛便是那不执不取的人，是彻悟了心性之空明妙用的人。为了启示众生，莲花生大师做出如是告诫："人们不仅观察外境的方式不同，解说立论也互异，一旦执著于变化无常的表相，谬误便由此而生。"

观察外境的方式，是由心念决定；解说立论的基础，也是从自己的心出发。众生之心念，念念都在变化，因此，观察外境的方式以及对此做出的解说理论也在不停地变化。当然，外境也在不停歇的变化中。不执著于变化无常的表相、外境，也不执著于迅即变化的心念，只要随任心念的生灭，不修整也不作为，任它当下生起又寂灭。

莲花生大师说，这便是觉悟心性、熄灭烦恼的对治之道。

2　每一次起心动念都可以成为人生的转机

世间有情众生的各种苦恼，在觉悟者的眼中清晰而明白。毕竟，他们也是从普通人经由修行而获得觉悟的，他们自然对众生的万般苦恼深有感触，因此而生起无量的大菩提心，将解脱苦难众生作为自己的本职责任。

世间有情，自心是佛，自心作佛，虽被烦恼煎迫、业力缠裹，但觉念一旦生起，随顺清净的心性，必然能达到不同程度的解脱境界，而每一次觉悟自心的人生契机，其实都在自己当下起心动念的作用下。

为了调伏世间众生，莲花生大师不仅示现慈悲智慧相，而且也示现可怖可畏的境相，但不论以何法相示人、以何行为度众，有一点我们应该确信，莲花生大师是为了解脱苦难众生而使用了相应的方便手段，他的心到底还是慈柔的。

据莲华持明所著的《莲华生大士全传》中记载，莲花生安住于禅观之中，他想到若要调伏那些造下恶业的众生，对他们讲说清净善法是根本行不通的，唯有化现为这些恶业众生的同类，以同类调伏同类，这样才可行得通，也才能帮助这些恶行众生获得身心的解脱。

在传记中，莲花生大师使用神通，在一座恶人遍地、恶行不断的城市中化现出两个极恶的凶人，他们分别是面目凶狠的屠夫坏手嘎德和凶猛逆行者。他们两人做了各种极凶残、极恐怖的事情，虽然他们在做着恶行，但他们的目的只有一个，那便是要先使城中的其他恶行众生接受他们，然后他们再帮助这些恶行众生断恶行业根。这，也是佛法中的一种方便法。

且看莲花生大师化现出的这两个恶人都做了什么可怖的事吧。

坏手嘎德以猎杀凶猛的野兽为食，为了调伏恶行众生，他便狂野地从自己身上割下肉来啖食。城中的恶人们还从未见过如此凶残之事，他们便把莲花生大师以神通幻化出的两个恶人认作同类。莲花生大师以慈悲心故，用忿怒咒语和恐怖化现调伏恶行众生，断除他们的邪行恶径，使其得以超脱。这恶行众生能够得到善法的救度，不仅是因为莲花生大师的慈悲和神通，也因为他们在起心动念之中还有那么一丝善根。诚如佛法所说，一切事物无不由于内因外缘的聚合而生起或消失。起心动念之中，哪怕一点清净善念生起，都可以成为日后听受善法、解脱身心的善种子。

莲花生大师与那些觉悟者一样，都天生一副慈悲心肠，他的每一次起心动念，都是为了众生考虑。在关于莲花生大师的各类传记中，都对他那丰富多彩又历尽艰险的度化众生的经历有所描述：当他还是莲花王太子时，为了要度脱一对即将堕入恶道的男女而先取其性命，而后又度其远离恶道；他应吐蕃赞普赤松德赞的邀请来到雪域高原弘法，在进藏的路上又与数不清的当地神灵进行交锋，最终使这些神灵归附于佛门而成为护法神灵，保护世间善行众生。当然，以上这些流传下来的故事，对藏区老百姓而言已经不再神秘了，他们把这些故事告诉自己的子子孙孙，要他们永远记住这位充满神奇色彩和传奇经历的佛学大师。

在传记作品中，莲花生大师借自己以神通幻化出的坏手嘎德之口如此说道："众生的见地思维完全不能够和合统一，他们自己的思维、行事与口中所说的话，完全无法一致，对别人更是互相的愤怒歧视，就像住在烦恼搭建成的房屋一样。他们用忌恨作为房梁柱子，来撑起这烦恼的屋顶，而以疑惑多变作为手足，这些凶恶的种种烦恼，实在是不容易调伏。"①

真是每一句都切中了世间烦恼众生之要害，而娑婆世界之众生身在烦恼城中却毫不自知。佛门有言，"迷时师度，悟了自度"，世间众生迷乱的时候，就应该听从明师的指点，但前提是要对上师相应，生起信念。对于我们这些满心烦恼的凡夫而言，每一次的起心动念，其实都可以成为我们人生的转机，也正因如此，很多觉悟者才说，这世间并没有所谓的善人与恶人，有的只是开悟的人和没有开悟的人。当然，如果每一次起心动念都充满了仇恨、嗔怒、贪欲，那么我们永远都是那不觉悟的人，永远都走不上解脱身心的正途。每一次起心动念，实际上都牵引着我们未来的生命境遇和情状。

在《莲华生大士全传》中，作者莲华持明记载了这样一个故事：佛母移喜措加根据莲花生大师的指示，携带着一些金砂前往

① 莲华持明：《莲华生大士全传》（中册），中国社会科学出版社2004年版，第35~36页。

尼泊尔的某处山谷继续修持，以期获得更为殊胜的证悟成就。就在靠近尼泊尔的边境处，她遇到了七个强盗。面对强盗的攻击，她并没有生出恐惧、憎恨等心念，而是将双手结成供养手印，对他们做起关于了脱缠缚、身心解脱的开示，而移喜佛母讲的关于解脱身心缠缚的道理，很可能就是源自于莲花生大师的教言。

"难思甚稀有！
过去业缘今生我等来相会！
知嗔恚忿怒即是大圆镜智。
憎恨敌意清净光明所出生，
此非由他现前知，即悟金刚心。
不为汝等外境所系缚，
即于自性相空圆满得清净，
我父刹土现乐性空寂静界，
我则不为境相外色所系缚。
汝等欲访庄严圆满刹，我当为汝引导至彼处。

汝等过去业缘今与我相会，
傲慢自满即是平等性智。
自我情意即自在禅定寂静所生起，
此非由他现前了知，即悟宝生佛。
能不系属广大之外观，
现前即为自生自然显。
我父一切祈愿赐圆满，
满愿大宝即是我父师，
我则不为幻化世宝所系缚。

汝等欲得理想之老父，我即赠汝引见上师尊。

汝等过去业缘今与我相会，
贪欲攀缘即是妙观察智。
心欲外驰系贪乐，现观了知所生起，
此非由他现前知，即悟阿弥陀佛。
非缘放射众光明，
即于自身大乐之长养，
我母即为无量光如来，
不可称量大乐是我母。
喜乐苦痛众染我不攀，
汝等如需理想母，我心喜愿布施与汝等。

汝等过去业缘今与我相会，
嫉妒怀疑即是成所作智。
猜忌之心嫉妒相对待，
适切行悟所生起，
此非由他现行深观，即是不空成就佛。
不为自身体验所系缚，自生自显自增长。
我师即是圆满证悟，适切妙行即是圆满师。
我则不为一切行界所系缚，
汝等乐此圆满师，我愿布施与汝等。

汝等过去业缘今与我相会，
迷茫无知即是法界体性智。
愚痴迟钝所缚心，现观由法性生起，

此非由他现前观，愚痴即为毗卢遮那佛。
不为观照所系缚，自生自显自长养。
我友众相自然现，所需之友即无量行。
我则不为分别二边所系缚，
汝等若乐习此圆满法，我愿传授与汝等。”①

在过去因缘业力的牵引下，我移喜与你等相遇，尽管你等要夺我金砂，取我性命，但移喜我完全不会因此而恼怒、嗔恨和恐惧。众生心中都有贪、嗔、痴、慢、疑这五毒，众生都被这五种心病所害，一生一世都在烦恼中过活，活得既没有生命质量，又怨气满怀，更因为无明的支配而做下诸多错事，造下恶业，这些业障最终又反作用于自己，如是循环，在今生竟不得丝毫安宁喜乐。想到这里，移喜措加我便不由得开始怜悯起你们这些人。因为你们现在虽然做了错事，但你们的本性与佛并没有什么两样。你们被无明烦恼所困而造下恶业，以后承受苦报，想到这些，移喜我心中真是很悲伤！

可是，贪、嗔、痴、慢、疑这五毒其实也可以在心念上一转而成为五种佛智，即大圆镜智、平等性智、妙观察智、成所作智、法界体性智，与五智相对应的是金刚界的五方佛：中央毗卢遮那佛，代表法界体性智；东方阿閦佛，代表大圆镜智；南方宝生佛，代表平等性智；西方阿弥陀佛，代表妙观察智；北方不空成就佛，代表成所作智。

在一心之中，嗔恚忿怒与大圆镜智等同无二，傲慢自满与平等性智等同无二，贪欲攀缘与妙观察智等同无二，嫉妒怀疑与成

① 莲华持明：《莲华生大士全传》（下册），中国社会科学出版社2004年版，第50~52页。

所作智等同无二，迷茫无知与法界体性智平等无二。这五种佛智并非是由于外部原因而“灌输”于我们心中，而是自心自修自证，于一心上得悟。

强盗们听了移喜措加所说的这些教法，居然对佛法生起不可动摇的信心。正如同莲花生大师以往教化其他众生时那样，这些造恶众生的心开始打开，渴求佛法的甘露注入，使自心不再趋向无休止的烦恼轮回之中。

移喜措加佛母对这些强盗生起大慈悲心，并对他们继续进行佛法教示，使这些恶行之人当即便得到身心的自在解脱，脱离了恶行苦海，从此成为大善修行人。

众生的起心动念，比外境的变化还要频繁、迅疾。而每一次起心动念，哪怕时间再短，实际上都会对未来的生命状态产生影响。也许你会因此而焦虑恐惧，因为刚才你就生出了一个不太良善的心念，或者是堆积起许多负面情绪。但莲花生大师却告诉我们，无需为此恐惧忧虑，我们完全可以把充满负向能量的心念“切换”到正念的频道上来。

因此，若要消除过去的负面心念对当前生命状态的影响，我们唯有不断地让正念充满心间。在藏地，人们对莲花生大师的中阴教法并不陌生，在中阴教法中便有这样的开示：“我们每一个时刻的经验都是中阴，因为每一个思想和每一个情绪都是由心性中产生，而后又回归心性。中阴教法使我们觉察，特别是在强烈改变和过渡的时刻，我们那宛如天空般的、本初的心性将有机会显现。”①

① 〔美〕索甲仁波切著，郑振煌译：《西藏生死之书》，中国社会科学出版社、青海人民出版社1999年版，第126页。

充满正念的心，比任何时候都会更加自由、更加强有力。在这种心念的作用下，我们的生命状态会真正地得以转变。不过，这种正念必须是持续性的，这也是为何许多有成就的修行者都在强调，修行是贯穿一生的过程，而不是三天打鱼两天晒网之人所能够体会到的感受。

在不同的心念下，不仅生命会出现不同的状态，外境也会呈现出不同的姿态。我们过去时候因烦恼习气而造成的行为、产生的心念，如同种子一般，当内外因缘成熟，它们便会显现出我们现实生活中的境遇和感受。而且，我们的心念是具有惯性的，我们比较倾向的心念、经常重复的心念，最终会形成一种累积起来的力量。也正因此，我们应该从当下便净化心念，或者，就像莲花生大师说的那样，对一切心念都抱以不修整、不造作的态度，任其自来自去，同时，面对自己的境遇，不论它是好是坏，都不生起执著的心。

如果，此刻，你的生命状态并不如你所愿，你的生活境遇让你体验到的全是痛苦和挫败感，这也不用特别担心，它们只是在提醒你，我们的心念需要净化了。

3　不执不取便不烦不恼

为了让世人看到生命的实相，佛经中有这样一段譬喻，为人们揭示出人生究竟为何物。

一个人，独自行走在黄昏中，面前是一面荒野，无尽而广阔。他步履蹒跚地行走着，无依无靠。这个旅人发现前面的道路上散落着累累白骨，这些白骨使他感到恐惧又疑惑。

正在这时候，不知从哪里窜出一只老虎，发出令人胆寒的咆哮声。看到老虎步步紧逼过来，旅人马上明白了这堆白骨是怎么来的。他马上转头，向来时的路上奔跑起来。

但很遗憾，他因为慌张而迷失了方向，忙乱之中跑错了路，竟然跑到了悬崖绝壁之处。不过还好，崖上有一棵松树，而且树枝上还垂着一条藤蔓，一直伸向悬崖底端。旅人抓着这条藤蔓逃了下去。可那老虎不依不饶，仍在山崖上面狂啸着。

旅人稍稍地松口气，真可谓是九死一生，如果逃得再慢些，就必定葬身虎口了。暂时安下心来的旅人朝脚底下看去，不禁更加恐惧了，因为脚下是波涛汹涌的深海。海面上掀起阵阵狂澜，而且在波浪中还现出三条毒龙，样子十分可怖。

这三条毒龙张开大口，只等着他落入其中。旅人惊恐之中又抓起藤蔓，希望能靠着它逃到别处，可没想到的是，在藤蔓的根部，出现了两只大老鼠，一黑一白，它们正不停地交互啃咬着这条藤蔓。

旅人拼命地摇动藤蔓，希望能赶跑那两只老鼠，可它们分明没有逃开的意思。就在旅人摇动藤蔓时，树枝上的蜜蜂巢滴下了香甜的蜂蜜。于是旅人去舔那滴到嘴边的蜂蜜，全然忘记了自己身处的恐怖境地。

故事中的这个旅人，正如我们自己。我们每一个人走在世间，都是孤独的，因为我们的心没有方向，即便有伴侣，有家庭，但依然不能为我们带来安定的心。

那无尽又寂寞的荒野其实正譬喻着我们这无尽又寂寞的人生。心中没有正确的方向，走在哪里都是寂寞的，而所谓无尽的人生，其实也是因为我们的心散乱不堪而觉得人生漫长又无聊。但可悲又可笑的是，我们不知道自己是“旅人”，我们以为世间的一切物质存在都可以为自己占有，其实我们对物质存在仅有使用权，而没有任何占有权。

道路上的累累白骨，正象征着生命中不可避免的死亡。这白骨正是来自我们身边的亲友，当我们的亲友离世时，我们难道一点都没有感觉到死亡的逼近吗？如果连身边之人的死亡都不足以震撼我们天真而幼稚的想法，那么那只饿虎所譬喻的正是我们自身的死亡。它步步紧逼着我们，但我们却天真地以为转身逃命就可以避开了。

那么悬崖边上的松树又譬喻了什么呢？它象征的是金钱、名誉、地位、权势等等。这些东西拥有得再多，也不可能挽回死亡，更何况，我们从来没有真正地占有过这些东西，因为我们临死时什么都带不走。

我们在面对死亡时会产生出极端的恐惧，而那棵藤蔓便是我们那种"人生还有几十年，自己不会马上面对死亡"的心情。那一黑一白两只交互啃噬藤蔓的老鼠便象征着黑夜和白天。昼夜不息，它们缩短着我们的生命，最终藤蔓会被咬断，我们也会面对死亡，逃无可逃。

旅人脚下的深海譬喻的便是地狱，也可以说是我们那无边无尽的烦恼。深海中的三条毒龙便是贪、嗔、痴三毒，而滴在嘴边的蜂蜜则譬喻了人的五种欲望，即财欲、色欲、名誉欲、饮食欲和睡眠欲。

每时每刻，我们追求的不外乎是这五种欲望的满足。我们舔食着蜂蜜，享受着甘甜，却完全忘记了自己即将身陷于更深重的烦恼中。

佛陀为我们开示出生命的真相。我们不妨回想一下，自己说要追求事业，建功立业，其实这份追求中有多少是为了利益他人呢？我们无非是为了满足自己。佛陀又说，要警惕这世间的无常，因为我们不懂无常这个道理，因此会对外境生出执著和贪取的心，而给自心徒增苦恼。

宇宙人生的一切现象，既然没有固定不变的实体和主宰，而是只有刹那不间断的生灭变化，那么我们实在没必要把原本灵动的心黏着在这些相续而多变的事象上。真正灵明的心，因其不执、不取、不黏着，才远离时空限制，也很少会被烦恼所缠缚。

法界一切无明众生本与诸佛无别，他们都是无修无证的觉者，因他们觉性本有，只待因缘具足，便可有觉悟的可能。只是，世间的大多数人始终是贪婪又执取的，他们并不是没有听闻善法的机会，而是心中被邪见充满，堕落于烦恼业障的轮回中而不自知。

《莲华生大士全传》中不仅讲述了莲花生修行度众的因缘故事，书中还塑造了许多贪心又迷妄的人物形象，比如那个时候的孟加拉国有一座叫做色康的城市，城中有个叫梅多的人，这人便是贪执迷妄的典型。

此人因为内心贪执深重，不仅殴死人命，更被当时的国王惩罚而被丢弃到恐怖万状的尸陀林中。正在那里修行的太阳光上师（即莲花生）见到被放逐的梅多，便关切地向他询问被放逐于此的缘由，本想趁此机会度化他，劝其调心行善。可贪婪又自私的梅多不仅拒绝修行、拒绝悔改，还因为自己的贪欲而使救他性命的猿猴们丧命。

满心邪见、贪执自私的梅多最终因为自身的恶行而丧失性命。在他命终之前，那颗心一直都在贪欲之中饱尝着焦灼痛苦。其实世间如梅多这般愚痴的众生简直是多不胜数。

世人总觉得自私自利、满口谎言、满心愤怒根本算不得什么，充其量不过是惹人嫌恶罢了。《莲华生大士全传》里的这个梅多可谓是把贪嗔痴等诸多坏习气都集于一身了，当他面对心怀慈爱的修行人的谆谆规劝时，表现出一种毫不在意，甚至是反感厌倦的态度。

想想看，世间的诸多众生是不是也如这个梅多一般，不仅被无明邪见所困，而且还因为业力的牵引而丧失生命。像这一类人，他们终其一生，都没有在正念的观照下做过一件有益于众生的事情，即便在活着时，也是被执念所缠，妄想丛生。世人常问“烦恼何来”，烦恼便是如是来之。

正因为悲悯世间众生的苦痛，莲师才不辞辛劳地从一个地方到另一个地方去度化众生，以清净智慧来对治烦恼痛苦。根据《莲华生大士全传》里的记叙，莲花生大师于禅观之中发现调伏沙河尔国的因缘已到，便决意前来调伏，但这调伏的过程与他在别处的弘法经过一样，都充满了重重障碍。

沙河尔国的公主曼达拉哇一心奉持善法，为获得觉悟，她舍弃了舒适安逸的生活而带领五百名比丘尼在一处园林中精进修行。莲师来到园林中，本是为了向她们宣说修行中至上的法要，这场景正好被一个牧牛人看到，认为公主与陌生男子在一起发生了染污之事。他以讹传讹，于是这无中生有的事便给清净修行的曼达拉哇公主带来了极大的麻烦，当然，被人误解的莲花生大师的境况也好不到哪去。

可是，莲花生大师面对这突如其来的噩运并没有惊慌失措，而是任由国王的手下士兵捆绑。他们把莲师带到极易燃烧的棕榈树树山上，准备以火刑处死他。人们看着烈焰腾空，心想这边地来的修行人一定会被烧死，可是就在刹那之间，大地发出阵阵巨响，一切空行母从空中前来泼水，浇熄了这熊熊大火。火焰熄灭后，浓烈的烟雾整整弥漫了七天七夜。

沙河尔国的国王听闻此事后觉得蹊跷，便带领人马前来察看。焚烧莲师的那个树山此刻已变作了一片湖泊，湖心当中绽开一朵大莲花，花蕊中，莲师端坐于此，他宛如八岁小童一般，面似满月，身体的肤色如同白海螺一般清净明亮。小童的身上放射着各种色彩的光芒。此时此刻，沙河尔国王才知自己听信了他人谗言而做了多么糊涂、愚蠢的事！

沙河尔国王意识到自己所造的罪业后向莲花生大师不断地忏悔，莲花生大师也欣喜地开示道："你将具足一切清净，成为最圆满的瑜伽者。你如果好好地修行，当生成就不是难事啊！我们只要能够了悟过去所行的一切，都是由无明中所增生的，能够去除贪、嗔、痴、慢、疑五种烦恼，圆满智慧、超越无明，必然能够在正法中得到成就。"①

经过这次劫难，曼达拉哇公主和沙河尔国王在各自的修行道路上反而都有了一定获益。这起劫难的源头可以说是因缘际会下的结果，但我们也不要忽略掉那个以讹传讹的牧牛人，因为他的妄想执著、认无作有才引发了这起劫难。当然，那位偏听偏信、不明真相的沙河尔国王也是这起劫难的推波助澜者。

虽然沙河尔国王因为本具的善心和真诚的忏悔而得以走上修行之路，但在最初，他和那个牧牛人都犯了同样的错误，他们执取的只是自己眼前看到的场景和听来的传言。反观一下我们自己，我们不也是经常犯这样的错误吗？

世间的大多数众生就好比是这愚痴的牧牛人和那固执的国王

---

① 莲华持明：《莲华生大士全传》（中册），中国社会科学出版社2004年版，第94页。

一样，以为自己亲眼看到的、亲耳听到的事情就一定是“真的”。众生将那因缘和合的人事物认作实有本已很荒唐，但更为荒唐的是，竟有人将那原本没影没踪的事情也认作实有。心上一旦生出执著，便念念都是妄想。莲师来到公主的住处本是为清修人开示佛法，却被牧牛人说成是做下了“男女染污之事”。愚痴的人就是这样，经常把别人的事用自己的好恶是非标准来加以评判，更何况有些人是在尚未弄清状况的时候便到处散播不实的消息。愚痴的人把宝贵的时间都用在于这些毫无意义的事情上，世人往往是追逐着他人的是是非非，却不肯花哪怕一分钟的时间去照顾自己的心跟自己的情绪。

可怜又愚痴的牧牛人因为对外境的执取而造下恶业，在当时当刻，他的身心被偏执妄见所缠裹，这又能埋怨谁呢？沙河尔国的圣典持王虽然具有善根，但却因为无知偏执而对莲师、曼达拉哇公主造下了极大的罪业，若不是莲花生大师对他的一番教化开示，恐怕他终此一生都要在悔恨中度日了。

若是对一切外境——不论是他人的是非功过，还是与自己相关的人事物，都能做到不执不取，那么心头又何来烦恼焦虑呢？日后又怎会造下罪业呢？

就世间众生而言，往往是看热闹的多，对他人的行为指指点点的多，反之，将目光落在自己身上、关注自己心灵的人却很少。心中染污甚重、妄念甚多的人，看什么都是不清净的，看什么也都是污秽的。若是自心不清净，那么不论走到哪里，都不会得见净土，或者说，世间本无净土，净土只在我们的心头。

面对众人的惊讶和赞叹，面对沙河尔国王的真诚忏悔和恭敬礼拜，莲花生大师却说：“我的身体已经成就宛如虚空一般，不可毁坏，不会沾染世间的喜怒和痛苦，一切世间的八风都没有办法摧伏我，所以我所具足的无漏金刚身，哪里是世间的俗火所能够烧坏的呢？现在我告诉你，在此刻我并没有高兴，也没有不高兴，我已远离一切嗔怒、喜乐。”①

所谓“八风”，又名“八法”，它们是称、讥、毁、誉、利、衰、苦、乐，这八种事情能煽惑世人的身心，如同八种境界风一般，使人身心不得安宁。在这八种境界风中，有顺有逆，当我们被人称誉时，自然满心欢喜，甚至得意忘形；当我们被人讥笑、诋毁时，心头自然烦恼万千，苦不堪言。

但是，作为一名已经觉悟的人，莲花生大师已经不会因外界的顺逆境而欢喜或烦恼了。他的心不执不取，自然不动不摇，任凭世人赞美也好、诋毁也罢，于他而言，不过是现起之后又瞬间即逝的法界现象而已。

世间的喜怒、痛苦，如何能染污得了一颗光明清净的心？只有那还不觉悟的心，才会因为外境的变动、人世的浮沉而烦恼痛苦。真正的觉悟的心，是一种法尔本然的喜悦，这样的心上，既没有嗔恨也没有喜乐，更不会有大悲大喜等等起伏强烈的情绪。

莲花生大师对沙河尔国王说：“我的心宛如须弥山一般，毫无动摇，内外明澈，安住不动，我的心现前平等，一切分别念头已经熄灭了，所有来去众相也绝迹了。我的心广具一切法界，横竖穷遍，无所从来，亦无所从去。”②

因为无所执取，自然分别念头熄灭，一旦分别妄念搁下，世间处处无不一片融通。莲师的境界诚然高妙，但这并非说明世间

---

① 莲华持明：《莲华生大士全传》（中册），中国社会科学出版社2004年版，第97页。

② 莲华持明：《莲华生大士全传》（中册），中国社会科学出版社2004年版，第97页。

其他众生就不能做到。应知佛与众生无所差别，唯是觉与不觉、悟和不悟、修或不修。

"所谓佛即是我们的自心，现前的自身即是佛陀的五大、五智，我们只是因为心性被蒙蔽在无明当中，所以不能够正确地现前认取，示现自身即是佛的体性。所以，让我们不能够任运地长养我们自身现前成佛的妙境，而转堕在轮回烦恼当中。"①

这本是莲花生大师对曼达拉哇公主的教示，但这些教示也是对世间一切众生宣说的。听莲花生大师谈"心"，便是获得如实的智慧，使自心获得喜悦安住，他便是这个世间的导引依怙之主。

无论是面对众人的赞叹供养，还是面对度化众生经受的挫折，莲花生大师始终保持着不执不取的心态。因其不执不取，心中才是清净虚空一片。佛陀在觉悟之初，观察十方世界后，喟然感叹道："真是奇怪啊！一切众生皆具如来一般的智慧，只是他们因为妄想执著而不能证悟。"

要救治众生这颗执著妄取的心，莲花生大师认为，除了要让众生了悟到空性道理、了悟到自心本性的觉悟力、了悟到世间众相之变迁无常之外，还要进行如法的实修。这些实修内容在各宗派中自有其特点，但不论是选择哪种实修方法，众生都要对当下这本觉心性之空明朗净有所体认，体认到心性无实可执，心所变现的诸种现象也是如此。仅此，这便是无上的知见。

不执不取，并不是要我们不做任何事情，而是我们在做事情的时候不带着强烈的执著心。做生意的人依然可以继续做生意，

---

① 莲华持明：《莲华生大士全传》（中册），中国社会科学出版社2004年版，第106页。

炒股的人也仍然可以去股票大厅里看行情。但是，是否有一颗不执之心，便会呈现出两种完全不同的情状。

比如炒股的人，他不再过分看重心外的那些东西，股票暴涨时不会过于兴奋激动，股票狂跌时也不会特别沮丧灰心。股票的涨落，在他看来那都是一种生灭变化的现象，既然是现象，能有不变动的吗？也正因为是现象，所以有涨必有落，有落必有涨。因此，诸如狂喜狂悲这种情绪，基本不会再生起来。这是真正的不执不取，是一种很可贵的修行境界。

反观另一些人，他们口头上喊着“放下”、“不执”，其实内心的执著很难对治。为何？因为他们惯了自欺，惯了扮演一种洒脱觉悟的行为，而心头的郁结和烦恼从来没有放下过。好比一个员工，他被上司骂过之后心头很是恼恨。晚上回家喝了一晚上酒，又看了大半夜的电影，嘴上说着“人生就要过得快乐才好，别的都是小事”，给人一种很放达的姿态。其实，那烦恼都堆积在了心里，但在外人面前还要维持一种看似放达的形象。这可真是累上加累，不仅累，而且蠢。

莲花生大师说，执著的源头就在自心。但了知这个道理之后还不算完全的解脱，只有不刻意地、不勉强地做到放下，才是真的不执著。

第六章 真正让你幸福的是正确的心念

众生之所以有愁苦烦恼等种种消极的感受，是因为无明而产生的贪执、可爱所造成。世间对于幸福的定义往往太过狭窄而不够圆满。真正的幸福快乐应该是无条件的，而世人却把幸福快乐构建在短暂易逝的事物之上，这些有为法一旦变化，世人难免烦恼丛生。真正能让我们幸福的，是一颗智慧的心以及从这觉悟的心上生发出的正向心念。

1　降伏妄念，靠的是正觉

诸行无常，佛陀从时间上谛观法界的一切事物和现象之后发现，世间这诸种现象、万般事物没有哪一样不是随着时间的迁流而不断变化的。它们刹那之间生灭不息，因为它们都是有为法，因此就没有固定不变的现相。有生就必会有死，有盛就必定有衰，有得到就必然会有失去。然而众生却苦苦地执著于念念迁流的法界现象上，佛陀为了觉醒世人而做出“无常故苦”的开示。

诸法无我，这是佛陀从世间万有的空间上进行谛观后得出的结论。一切诸法无不依于缘起法则而生出、建立，每一个事物、现象之间互相依存，绝对不会有“我”这个独立自存的主宰。有情生命是依靠色、受、想、行、识五蕴诸法而安立，其他万有莫不如是。

世间有情往往因颠倒执著而将诸法视为不变，且认为这诸法不仅恒常不变，而且有着独立的主宰，因此而造下种种恶业。若是念念了悟“无常”、“无我”之法界真相，心上不生颠倒执著，清除迷乱邪见，那么自然不会造下种种业，业不生起，当下便能获得正觉。如此，法界的一切无不是寂静无染的，这便是涅槃寂静。并不是说死后得清净，而是说心下觉悟便是寂静安宁。

不仅有情众生是“无我”的，是自性空的，而且诸法万有也是如此。诸行无常、诸法无我、涅槃寂静这三法印是遍及一切法界的真理。

众生本有的觉性是一种明空朗净的境地，只是我们那如虚空般的心上被烦恼、妄想、贪执等习气障蔽起来。我们从觉性中吹动起智慧之风，吹去这些乌云，原本朗净的心体便再次呈现。正念的作用，即在于此。

世间众生，能够明白“即心即佛”这个道理的倒不在少数，能够踏上修行之路，修证这本觉真心的人也不少。但是，明白道理是第一步，我们不仅要明白，还要守住这颗心，扩大这明空觉性，让它与自己的生命相即不离。这时候，我们的生命便开始发生一些变化，如果遇到了逆境和违缘，千万不要灰心丧气，那不过是为了使自己的修持功夫更上一个台阶而已，那都是一种考验，而不是生命状态在蜕变。

正觉的生起，有许许多多的方便法门，比如在净土宗中有一心持诵阿弥陀佛的名号而清净身心，往生到西方佛国；禅宗的参话头来打破固有的思维，降伏心头妄念。其他还有修不净观、数息观等等。尽管法门各有不同，但目的都是一样的，都是为了安下自己当下这颗躁乱的心，以清净代替染污，以智慧驱散无明。

众生要降伏妄念，生起正觉，首先就应该树立起他们对自性本觉的觉悟心，要使他们明白，自己与佛本来不二，以此来坚固修学正道的信心和决心。莲花生对众生教化到，所谓的佛，不过就是我们的自心，我们现前的自身便是佛陀的五种智慧的化现。世人因何烦恼丛生、妄念纷飞？都是因为心性被蒙蔽在无明之中，所以才不能正确地认取自心，不能正确地认取外境。

佛陀说，每一个众生，他们都是自己的主人，因为他们的命运掌握在自己手中。

有了这样的正念正觉，那么再对治心中的妄念就容易多了。所谓正觉，不仅是要看到诸般事物的变动性、无常性，也要了悟到自我解脱的可能性、入世性。死亡未必是真正的解脱，因为我们一旦有所觉悟，并过着一种如同觉悟者一般的生活，那么我们在活着的时候一样是身心自在、远离烦恼、常处清凉的。

如果，众生只是看到自身与外境的不稳定性，那么他们很可能会因为不了解无常的真相而生出恐惧和焦虑。如果，众生满眼看到的只是娑婆世界的痛苦，而不了解痛苦形成的原因、苦乐感受生起的因缘，那么他们就会以一种消极的心态去面对人生。所以，在为众生说明世界之无常、生命之真相的同时，也要指给他们安乐自由的活法。

若说妄念缠心，其实这不独是凡夫的苦恼，那些觉悟者在未悟之前也是如此。

觉悟者（比如佛陀以及莲花生大师等等），他们在妄念生起时并没有等待外力的帮助，而是从内心生出正念正觉。但世间凡夫，一旦心有郁结，烦恼炽盛，首先想到的便是依靠着外力的作用来熄灭烦恼。还有许多众生，以为拜佛上供便能瓦解烦恼，而不是从心上解决问题，这无疑是与正道解脱、正念正觉相去日远。

身心病痛，本不可怕，对症下药，待因缘成熟便可见效。但凡夫与觉悟者最大的不同在于：凡夫的身心被烦恼缠裹着而不自知，先天具有自我解脱、自证自悟的能力而不自知，盲目地贪求眼前的享乐，却不顾心灵一再在烦恼中沉沦，只知由着习气的作用造下恶业而不自知。

即便如莲花生大师一般，先天具足清净，仍然要经过艰苦的修学才可有所成就，更何况是业道众生，被无明遮蔽着明空之心，如果再不仔细地聆听珍贵教法，以后的生命状态又如何能得以改善呢？虽然讲说正法的是大善知识、珍贵上师，但是否愿意生起信心、如何修学，决定权却全在我们自己手中，诚如佛陀所言，你的命运只掌握在自己手中。莲花生大师说，除了心，世间再无其他。

通过莲花生大师的传记我们不难了解到，这位公元8世纪时候的传奇修行者的一生几乎都投入到修行证悟、度化众生的事业中。这样的庄严事业，从来都不是轻轻松松就可完成的。但莲花生大师从来不是一个悲观者，这从关于他证悟、弘法的传记作品中就可看出。他重视实际问题，面对众人对佛法的疑惑也从不逃避。但是，这世间的众生，在面对残酷的现实时，却多是持逃避态度的。

这种面对烦恼时作出的逃避态度并不能让烦恼自行消失，也不能改变诸法无常的事实。我们之所以选择逃避，是因为我们对今生、对自己所拥有的生命和一切事物抱着一种执著和贪求。由此，我们又生起妄念恶念。心在苦恼中不得安稳，而我们想的却是如何占有更多的物质，如何尽此一生更好的享受，我们总是说，要让自己活得舒服，但舒服的是身，而不是心。莲花生大师把世人的这个毛病早已看得清晰透彻，生老病死的痛苦来自我们的自心，因为心的贪执、对外境的执取而产生了现行、存有的现象，其实这不过是一种瞬即存在、瞬即消失的现象，却将众生折磨得身心俱疲。

有一个在藏地流传很广的故事，它可以告诉我们修行的意义到底是什么，同时也告诉我们什么是正觉正念。

仲敦巴译师外出时遇到一位老人，他在很虔诚地绕塔。

仲敦巴就说："老人家好啊，您在做什么呢？"

"我在修行啊。"老人边走边回答。

"哦，绕塔确实是件好事，不过如果去真实地修行，不是更有利益吗？"仲敦巴说完就走开了。

老人听后就想，也许仲敦巴译师的意思是只有读诵经典才是真实的修行吧。于是他不再绕塔，而是改为每天清晨诵读佛经。

过了一段时间，仲敦巴又遇到了这位老人。"早上好啊，老人家，您在做什么呢？"

"我在修行啊。"老人话音刚落，又忙着读经了。

"哦，读经是件好事情！不过，若能真实地修行，那岂不是更好吗？"

老人就想，或许仲敦巴所说的真实的修行，应该是禅坐吧。于是他不再读经，而是每天清晨来到外面禅坐。

当仲敦巴再次遇到这个老人时，他就问："老人家好啊，您这是在做什么呢？"

"我在修行啊。"

"哦，禅坐是不错的，可如果能真实地修行，那岂不是更有意义吗？"仲敦巴说完又走开了。

老人很迷茫地坐在原地，他彻底困惑了，难道绕塔、读经、禅坐都不算真实的修行吗？那么，如何才是真实的修行呢？

真实的修行，不在于外在形式，而是要看发心。一个人，嘴里说着利益众生，穿着破旧的衣服，吃着素食，远离人群，这样就是真实的修行了吗？也许别人的一句赞美就令他得意好半天。这样的“修行”，不过是贪执着今生的安乐，贪求着他人的赞誉。怀着贪执之心修行，那永远不是真实的修行。这种“修行”注定是远离正觉正念的行为。真正的修行，内心应该是平和宁静的，像那种受到干扰、打断就停滞不前的修行，都不是真实的修行，那种被外境牵着走的念头，充满着世俗法的恶念，都应该成为正觉正念对治的对象。

2 从烦恼中生起菩提

佛教传达给我们的一个理念，就是解脱自己也助他人解脱（正所谓“自他两利”），以清净无染光明之心出离轮回苦海。放眼世间，尽管有花香鸟语、姹紫嫣红，可到底一切不过是因缘凑泊。一切有为法，念念生灭中，权势名望如是，财富地位如是，苦乐感受亦复如是。

佛法之四谛即是佛陀觉悟后得到的四条人生真理。这苦、集、灭、道告诉人们切莫贪迷于世间的享乐，因为人生的本质就是苦，而苦的原因便是业力和烦恼的集聚。但是要消除痛苦和烦恼的感受也不是毫无办法，只要参照他所提供的修行方法和生活方式，便可走上身心解脱、自在圆满的大道。

人们的种种苦乐感受，业力是正因，烦恼是助缘，而产生这一切的总根源就是无明。只是世间众生，多不知无明生烦恼、烦恼生痛苦这一至深道理。多年前，曾听恩师说过这样一个笑话：

有位高僧开坛讲法，普劝大众清净身心以断除无明烦恼。有个人就说，他从不知自己有什么烦恼，更不懂什么是无明，至于无明是如何产生的，他更是一概不知。

高僧听后便说："蠢人，出去！"

这个人听后便勃然大怒道："你一个出家人，为啥出口伤人？"

高僧淡然一笑："你看，无明就是这样产生的。"

所谓无明，就是缺乏一种觉知的观照。我们觉察不到自己的心念会引发怎样的言行，也觉察不到自己的这种言行会产生什么样的后果，只有苦果降临时，内心才又悔又恨，然而真正能从烦恼痛苦中生起觉心的，世间又有几个？

因为缺乏觉知，我们无法觉察自己的起心动念，更谈不上控制或导引，只是被贪嗔痴的习气力量牵引着、带动着，在重重不尽的烦恼中打转。所谓的修行，就是保持一种觉知的习惯，从觉知中生起智慧，有了智慧才可断除烦恼，而幸福开阔的人生，也将因此开启。

修行是为了保持清醒、保持觉知，因为心念是发动身语意业力的根本意志。心念通过身体和语言表现出来，因而它们会引发出各种或悲或喜的结局。因心念而造作出的身、语、意业都有一种牵引的力量。佛法中常说"清净身语意"，便是要我们保持在觉悟的状态之中，不要生出那贪婪、嗔恨、颠倒、执著，不被妄念、不正见所缠。

一切烦恼不离自心，一切觉悟也不离自心。烦恼本是有为法，因为它也是内因外缘聚合下的产物，因此亦是一种幻相而已。对于外境，我们不该执著，对于烦恼，亦复如是！若是执著烦恼、执著破除烦恼的方法，那对于身心的解脱也是丝毫无益的。佛法的智慧，就好比是药，是为对治烦恼的药，是能使身心安适清凉的药。当烦恼生起时，应该是以智慧瓦解掉它，瓦解之后，也不要四处招摇，说自己修行某某法门，用某某教法等怎样如何地化解掉心头的痛苦和烦恼。当然，我们完全可以从交流的角度与人谈起，但切不可因此在心中生起对某法门、某教法的执著。当我们渡了河，到达了彼岸，又何必一定要背负着筏子前行呢？

在烦恼中生出一颗菩提心，这不仅是培植我们对众生的慈悲，同时也能弱化我们自心上的烦恼。

曾有个修学多年却一直无所成就的僧人向他的上师请求开示，问他如何才能放下此时此地的烦恼。之前这个僧人只要一生起烦恼时就不断地诵经、观想、持咒，甚至用苦行来刺激自己的身体，试图以疼痛来瓦解心头的烦恼。上师告诉他，只需要全然地打开自己，打开自己的心灵，不要让自己的心灵固执于心头的烦恼和眼前的事物上。即"你只需随时随地去感受生命中更广大的存有，你的心就会把自身生命之外的存有带进你的生命中来。"

年轻的僧人听后疑惑至极，因为他不觉得世上还有什么能比经咒或本尊更加具有对治烦恼的威力："我想，只有佛陀才能帮我瓦解掉烦恼，我自己做不到这些。"

上师只好继续启发他："你看天上的云朵，还有田野里的花，和你故乡的风景比起来，是不是更好看？"

"尊贵的上师，虽然我知道您好心地帮我解除疑惑，但恕我直言，您刚刚指给我的这些，和我故乡的风景相比，并没有什么不同之处。"

"既然这样，那你和佛陀相比，有什么不同之处吗？"

僧人顿时变得安静下来，他觉得自己的心从来没有这么静过，他仔细地观察空中的流云、田野的花朵，第一次发现流云竟能变幻出如此多的形态，而田野的花朵，每一朵都有着不同的颜色，即便那些颜色很是相近，却也有小小的不同。

此时，他的内心静极了，眼前的一切似乎都有了光亮。他不仅感受到了宇宙万有这个更为广阔的存在，也感受到了一切众生尚在烦恼中的悲哀。个人的烦恼于此时此刻已不存在，因为他开始对这个世界及这世界的众生生发出无限的慈悲。

3 一切皆是“不二”

世间的苦难以及深陷苦海的众生，便是成就我们圆满自心、菩提之光的道场，也是使我们证悟解脱佛果的功德主，因此，我们对所有一切众生都要生出平等心、菩提心乃至敬畏心。更何况所有一切众生，从心性上来说本就与觉悟者（佛陀）等同圆满、无有差别。正因为所有一切世间众生都有佛性，都有解脱觉醒的可能，在此基础上都是平等无二的，因此，众生与我们自身、众生与佛（觉悟者），理应是圆融不二、平等一如的。

任何一个世间众生，不论他是否在烦恼中轮转，也不论他是什么种族，做着什么样的工作，相貌如何，他们都是现成的佛身，他们的一切言语皆如同佛语，他们的一切觉知心念皆是佛的心意。“而转世化生一切的男女众生，其实也都是佛陀的妙身示现而已；而一切语言音声，即是佛语真言，一切的想念觉观，都是佛心。”[①]因此，烦恼与菩提也不是对立的，烦恼是菩提的亲姐

① 莲华持明：《莲华生大士全传》（上册），中国社会科学出版社2004年版，第475页。

妹，只有烦恼生起的地方，菩提觉性才有存在的必要。

日常的工作，在你看来是如此累心；身边的其他人，有时便成为自己心头烦乱的源头（其实这源头并不是外界，正是我们自己的心念）。佛陀所说的"众生"并不仅仅局限为"人类"，动物也是"众生"之一，当然，植物也可以算在"众生"之内。我们经常说"要对身边的人好"，但在这个世界上，一切生命的存在总是会以各种各样的方式与我们的生命发生着联系，按照佛家的说法，每一个众生，在前生后世都可能是我们的至爱亲朋。

如此去观想，便心门洞开，一种身心解脱的感觉也随之而来。以前，我们的心灵、眼睛和感受，都只是关注着自己或关注着自己的亲人。但是，当我们在心念中有了一点觉醒之后，我们的关注点可能就不再仅仅局限于自身或身边的亲人了。

不妨闭上眼想一想，那些进入我们生命中的每个生命，不论是那位让你头疼的行事严厉的上司，亦或是让你欢喜让你忧愁的情人，还是某位默默无私地帮助你的亲友，还有我们看得见的、看不见的其他生命存在，等等这些形形色色的生命其实与我们有什么分别呢？他们与那些觉悟者又有什么分别呢？

所有一切众生，都是心性现起的境相，无论他们做出何种行为，也不论他们的行为让你欢喜还是让你恼怒，其实都不过是你心念的投影而已。没有什么是与我们自己的生命完全毫不相干的，因为世间种种与我们的自心原本无二无别。

莲花生大师曾经追随过一位慈悲智慧的大成就者——师列星哈，当一位修学者向师列星哈请教到底什么是"一切法无有分别"时，这位慈悲的觉悟者如是回答："善哉斯问！这就是一切大圆满法殊胜的根要，一切现前诸法绝无分别。众生何者尚未成佛？吾等随拈一心，即是具足一切法界的大圆满，没有诸佛众生的差别；这究竟的心要唯闻即可成就。”[1]

心性的作用，便是化现世间诸相，这是一种“自性的游戏”，当然，对于觉悟者、成就者而言，世间万事万物、诸种境相，就是如此。所以，无论外部境相如何变幻，觉悟者心头也只是安稳不动，安住于本然之中，既不做是非好坏的评判，也不做颠倒分别之妄想。这就好比，面对着同样的事情，凡夫和觉者会有不同的反应。比如，有人跑来分别对着凡夫和觉者说：“你的爱人背叛了你。”凡夫听后会勃然大怒或者痛苦欲绝，而觉者已经明白，世间万物莫不是因缘聚合而成，感情也是有为法，自然也有其成住坏灭，爱人离去便离去吧，只要生命是敞开的，爱情还会到来。凡夫把万物据为己有，而觉者明白，万物不过是充满着变化的生灭现象，因为无所执著，故而无有烦恼。

修行者不是排斥爱，而是不执著于爱。世间那种令人痛苦的感情是渴爱，渴爱会产生恐惧和烦恼。修行者同时也明白这个道理，真正的爱是对所有一切众生开放的，真正的爱会生发出慈悲的力量，它会让爱人者和被爱者都产生一种幸福感，但很明显，渴爱却不会产生这样的感受和这样有力又柔和的力量。

世人往往认为，心中有了烦恼，应该想个什么办法来解除它。但如果从本以来，这颗心上就没有缠缚，那也就无所谓解脱不解脱了；如果从本以来，没什么可修之法，自然也就没有什么可证之果位。法界的一切现起都是清净圆满的，一切境相之间也是融摄无碍的，这便是“无二无别”。

“本来无缚亦无解，无修亦无证；一切法界现前清净，自生、

① 莲华持明：《莲华生大士全传》（上册），中国社会科学出版社2004年版，第534页。

自显、自证本初普贤境界。时间无可相续，空间亦无安立，无有可修之法、亦无抉择的分别。本有法灿然赤露，明空现成，广大、独一、无实、任运，自在无二。"[①]能够意识到烦恼并踏上解脱修持之路，固然是很好的开始，这至少说明在心中生发出了觉悟，但最高层次的修持乃是无修无证，对修行方法不执著，对修行结果亦不执著。只有当我们彻底斩断了心念中的贪执，才能斩断这时空相续的妄执的枷锁。

大圆满的心性，无有障碍，无有分别，在法界中能够自由任运。"我们的法尔本智本来解脱，无始以来未染一切轮回之法，生死业因本来净尽。法尔本智本自解脱，无有任何对治造作，凡所显现都如蛇结一般自行解脱，不待其他能解脱者。"[②]无论你是否已经生起精进修持的决心，也无论你是否愿意放下手头的忙碌，停下来，哪怕只有三五分钟，去观察一下自己的心，以自己的心，去思维莲花生大师的心，你都要了悟到这个真相：你、我、所有一切众生，都有一颗清净明澈如琉璃、光明朗照如虚空的心。

我们只是需要如实地观察，如实地体会，生命中出现的形形色色的境相，都向我们敞开着，它们不仅是我们生命之外的存有，更与我们的生命联结成一个整体，如同一个圆一般。当我们把注意力从自身扩展到这些既是自身生命之外又在自身生命之中的存有时，那意味着我们选择了一种更为深广的体验：活着不再仅仅意味着吃饭、穿衣、睡觉、与人交往以及没日没夜的操劳。

---

① 莲华持明：《莲华生大士全传》（上册），中国社会科学出版社2004年版，第535~536页。

② 莲华持明：《莲华生大士全传》（上册），中国社会科学出版社2004年版，第538页。

在有些人看来，生活是一场厮杀，是一次永远看不到希望的苦役。但是，以一颗敞开的心灵、觉悟的心灵行走在世间，便能比其他尚未觉悟的众生感受到更多的美好，体验到更广阔的世界，拥有更加强有力又不失灵活的生命力度。

“不论当前的知见学说，立论何等分歧，
所谓的心性，便是你的本觉，
它是自然生起的无上觉性。
应知，观者及观照本来不二，
当你观照，不妨寻找观者为谁，
若遍寻不得，
此一妄见便顿现其穷，而自然瓦解。
这妄见一了，即是你重生的一刻。
知见及持此知见之人并无分别，
若能不落入空见或空境，
当下的觉性顿显空明，
这便是大圆满见。
于是，不论识与不识，亦无分别。”①

关于如何修持、如何自行解脱、如何觉悟成佛，历来学说不少，知见甚多。但莲花生大师认为，不论各宗各派的教法有哪些相同或不同，甚至是完全分歧之处，对于想要即身解脱的众生而言，先了解自己的这颗心，对心性本觉有所认知，才是首要的也是最为重要的一步。

① 莲花生大师作，刘巧玲译：《无染觉性直观自行解脱之道》。

修持应该成为一种自然而然的行为，不刻意，不造作。一切的行为都是为了使自己发现心上的本有觉性，而不是修给别人看。修行的观照者，以及所观照的对象，不论是心性，还是外境，都是圆融一体的，因为心外别无他物。

莲花生大师说，如果有谁不相信的话，可以经由这样的思维来证量：观照外境的那个主体是谁？是我们自己吗？是我们自己的哪个身体部位在观照？是心吗？心与观照的客体是分开的吗？又有哪一个可以代表“我”呢？地、水、火、风、空、识这六大可以代表“我”吗？眼、耳、鼻、舌、身、意这六识可以代表“我”吗？色（一种物质属性，包括各种事物现象）、受、想、行、识（这四种都是精神现象）这五蕴可以代表“我”吗？

那么，“我”又在哪里呢？此时此地，一切都包括在无限之中。观者与观照对象无二无别。此前种种妄想顷刻瓦解，重新的一刻便照亮了此后的生命。这个觉悟的真理以及懂得这个道理的人，也是无二无别的。世间万法，莫不出于心，觉悟的真相，也在心性之中。

修行者应该注意的是，虽然世间万有自性空，但也不要落入空见，顽空也是一种边见，一样不能执著。好比我们看到一朵正当绚丽的花时，既不要执著它的芬芳和美丽，也不要出现这样的念头：“我什么都没看见，这朵花是不存在的”。执有执空，都算不得是大圆满见（正见）。

“不论当前的修行方法，立论何等分歧，
你的日常觉心，具有透视观照的能力。
应知，修持与修持者本来不二，
不论你在修行与否，不妨寻觅一番修持之人，

若遍寻而不得修持之主体，
你的修持便顿现其穷，而自然瓦解。
修持一旦放下，便是你重生的一刻。
你若能既不落幻境，也不昏沉散乱，
当下无染的觉性自现光明朗净，
这毫不造作的觉照，便是专一定境。
如此，入定或不入定，本非二境。”①

既然各宗各派在修学理论上有所不同，那么在实修方法上自然也有自己的一套仪轨。莲花生大师说，我们日常生起的觉心，就具足观照世间的能力。这种观照能力，人人本自具有，我们所有的修持，都是为了恢复自己的这种觉性，而不是“创造”出一种觉性来。

修持这种行为与修持者是无二无别的，不必有“我在修持”这种想法，也不要有“我做的某件事是一种修持”这样的心念。修持只是生命中平平常常的一件事，它不是我们行为的客体，我们也不是修持的主体，修持就在我们的心性中，又岂能说修持与心性是截然两分的？

虽然修持是我们通向身心解脱的必经之路，但“修持”也需要放下，无修便是最好的修持。众生紧抓着“修持”这个念头不放，殊不知，真正令自己解脱的本不是某种特别的行为，而是心中的执著全然瓦解之后生起的真正的自由。

所以，当心中对“修持解脱”的执念一旦瓦解，便迎来生命中崭新的时刻。修持应当成为一种不做预期设想的自然而然的行

① 莲花生大师作，刘巧玲译：《无染觉性直观自行解脱之道》。

为，就好比是吃饭喝水、穿衣行走那般自然。真正的修行者，他们安住在自性之中，却不执著于任何一种境界。无所谓入定，也无所谓出定。因为他们心性之中无造作，无分别，也无执著。无论入定还是不入定，打坐还是不打坐，他们的觉性都是空明朗照的，如一片虚空，也如炽热的太阳。他们做任何事情，都是在觉性的观照之中，自在自为，自由无碍。

"不论当前的行事标准，是何等的分歧，
你本具的元觉，却是唯一本体。
应知，行为与行者本非二事，
不论你正在造作或无事，不妨观察一下，
是否有一行者存在，
若遍寻行者而不可得，
你的行事便顿现其穷，而自然瓦解。
造作停止的那一刻，便是你的新生。
无始以来，事行与行事之人本无分别，
你若能不落入妄见，染着习气，
当下的觉性刹那归于清净无染。
既不相应，也不排斥，随顺事物，不加修整，
唯此道行，方称清净无染。
如此，净行与不净行，亦本来不二。"①

各修行宗派既然在理论和实修上有所区别，那么在行事标准上自然也各个不同。但是，无论这些行事标准有怎样的分歧，众

① 莲花生大师作，刘巧玲译：《无染觉性直观自行解脱之道》。

生本来的觉性却是唯一不变的本体。

我们所发出的行为，和我们这个行为人，本来也不是互相对立的客体与主体。不论我们在做着什么事情，还是什么事情都不做，都不妨观察一下，是否真的有一个独立发出行为的主体。究竟是双手在劳作？还是心在劳作？你肯定会说，心在指挥着我们的身体发出行动。可心念也是在不停变化的啊！如此去想，行为虽然是在连续性的心念作用之下而发生，但心念在变，行为在变，所谓的“连续性”也不过存在于一定的时间、空间范围之内。那么我们所进行的事情呢？作为一种有为法，它也是分秒变化的啊，它也是在一定的时空范围之内的一种存有现象。如此去想，行为者和所发出的行为，真是本来不二的，而不是主客体分开的。

在心念停止造作的那一刻，便是心灵迎来重生的时刻。因为自心远离了二元戏论，对于外境的变化既不相应，也不排斥，而是不带任何执著和妄想的随顺着，并在随顺之中适因适缘地调整着自己的心念。如此，才称得上是清净无染的生活。但是，清净无染，也是从染污之中生起的。清净与染污，净行与不净行，烦恼与菩提，原本就如同双生，好比生与死、黑夜与白天，都是不可分开的，是圆融不二的。

“不论当前的悟境证果，是何等的分歧，
心性的本质就是本觉，亦即本来圆满的法报化三身。
应知，悟境与悟者本来不二，
你不妨寻找一下悟境及悟者。
若遍寻悟者而不可得，
你的悟境便顿现其穷，而自然瓦解。

悟境一旦寂灭，便是你新生的一刻。

悟境与悟者皆觅不可得，

你又不落于执著或贪嗔惧情，

当下的觉性便归于本来的清净无染。

只要了悟法报化三身圆具于你内，

此即无上佛果。"①

证悟的境界和所证的果位，自然根据众生的根器和修行的程度而有所差别。但有一点是确定无疑的，那便是心性本觉是所有一切众生的生命本质，众生之心，便是法、报、化三身的圆满显现。

当下的一心，便总摄圆满的十方法界，它在佛不增，在众生也没有减损。所证悟的境界与证悟的主体，也不是主客体二分的，若是谁秉持着这个想法，那么便是落入了二元对立的戏论之中。

如果有哪位修行者对人称说自己觉悟到了什么境界，并以此而得意，那只能说他的证悟并没有如其所想的那般高妙。悟者与所悟的境界，乃是是圆融不二的。

从前，有人向一个终日禅坐、诵经的修行者发问："你每天都在做些什么？"这个修行者说："我在证悟修行。"这个人又对真正的觉悟者发出同样的问题，真正的觉悟者却说："我在活着。"虽然同样是修行，同样是活着，这一前一后的两人所修所证的境界却大不相同。真正的修持，本身就是生活中的一项内容，而不是抛开了生活本身而另做他事。

那些真正修行有境界的人，往往是看起来最平常无奇的人；那些证悟到一定境界的人，也不会到处炫耀自己的所证所悟。如

① 莲花生大师作，刘巧玲译：《无染觉性直观自行解脱之道》。

果说，生活是生活，修持是修持，这本身就是外行话。如果说，有人说“我怕修行会耽误自己的事情，浪费了时间”，那么，他本身还没有明白“生活即是修行”的道理。

还有一些修行者，他们执著于现前证悟到的境界，自认为这便是自己修行成果的证明。殊不知，任何悟境也不过是有为法，也有生起和坏灭的时候。执著于所证悟到的境界，这和执著于世间的物质享受、感官享乐在实质上是没有什么不同的。

如果对所证悟的境界的执著能当下断除，那么便是重生的一刻。既然连感受美妙的证悟境界都可以断然放下，那么世间还有什么是自己放不下的呢？

众生心性本净，这是莲花生大师心性论的核心内容，这与禅宗“自性本净”的说法也是相通的。“最初实相，不为生死涅槃所染污，亦不为迷乱所垢障，实相赤露，未曾迷乱，亦无证悟，不是一切，能现一切，此即说之为因地。”①

汉地禅宗五祖弘忍禅师在《最上乘论》中说：“一切众生清净之心，亦复如是，只好攀缘、妄念、烦恼、诸见黑云所覆，但能凝然守心，妄念不生，涅槃法自然显现。故知自心本来清净。”

莲花生大师在其佛学论述中向众生开示，现前与解脱皆是同时，烦恼与菩提原本不二，主体与客体的二元戏论应在觉悟的那一刻当下瓦解。如是，便是心性的殊胜大圆满之境。

世人常常对何为生死、何为涅槃怀有疑问，莲花生认为生死与涅槃这两者其实没有任何根本性质的不同。当然，对于众生来说，它们却是截然不同的两件事。佛教虽然认为人生是一片充斥

① 土观·罗桑却季尼玛著，刘立千译注：《土观宗派源流》，西藏人民出版社1985年版，第40页。

着无明烦恼的苦海，但对于觉悟者而言，他们的心中无所依附、无所缠缚，生死场上并不觉得苦，既然如此，那对涅槃解脱自然也就不觉得特别期待。

生死与涅槃圆融不二，是对于觉悟者而言。觉悟者将生死涅槃视作等同，无有分别，他们不会厌弃世间，也不会对解脱生起极大的执著。那些菩萨行者，为了度化苦海中的众生而在生死世间教化，他们本心即是光明无染，自然也不会厌弃生死而渴求涅槃。

生死即是无明，涅槃即是觉悟，但生死也是涅槃，在体性上它们本来一如，而无明众生却以为，既然世间充满了烦恼，那就舍弃生命而进入到无生命的状态吧。涅槃解脱可绝对不是抛弃生命。很多觉者在活着时便能证悟到涅槃的境界。

一个真正的觉悟者，他们安住于慈悲智慧中救度众生，但内心却没有救度众生、解脱苦海的执著，这便是《金刚经》中所说的“如是灭度一切众生，而实无一众生得灭度”。

第七章 心灵具备的力量

众生之心，不仅具有弹性，具有可塑性，而且还具有空性、光明性。它可以被焦虑、烦恼、贪执、嫉妒轻而易举地击倒，也能够使它变得饱满、柔软、灵活敏锐而充满智慧。最理想的心灵状态应该是这样的：既不渴求也不担忧，没有拒绝、排斥，也没有占据、拥有。这样的心，没有任何束缚，是一种绝对的自由，因为它已经证悟到了空性和光明，并且以一种警觉敏锐的姿态应对着生命中出现的境相。

如果我们如法修持，自然也能修得这样一颗坚固又饱满的心。

1 清净心可杀烦恼贼

烦恼的是心，解脱的也是心；生起无明的是心，生出觉悟智慧的也是心；一心所迷的是凡夫，一心觉悟的便是佛，是觉者。这一心上的迷悟便能造作出如此不同的差别。迷者凡夫，觉者菩提，莲花生大师和禅宗慧能一系的心性思想何其相近！

在对待烦恼的态度上，禅宗慧能一系认为，要用“转”的方法来对治烦恼，即转烦恼而为菩提。佛与众生既然只在迷悟之间，那么就以清净智慧对治心头的烦恼贼吧。菩提觉性，才是自心的本然状态，“菩提般若之智，世人本自有之，只缘心迷，不能自悟。”①

① 六祖慧能：《坛经·般若品》。

禅宗看重的是在日常生活中修炼自己、觉悟心性，认为一切法都是不离世间的，而且都是个人自心的产物，故成佛就是先要体认、了悟自己的心，所以禅宗的佛性观中充满了积极入世的精神和彰显自我价值的情怀。

慧能在《坛经·行由品》中开宗明义地提出："菩提自性，本来清净，但用此心，直了成佛。"这是说，一切有情众生都有一个本来清净无染的菩提自性，即佛性，凭借这个清净的菩提心，就可以直接了悟而成佛，而这原本清净的菩提心，也正是每个人的自性。正所谓"本性是佛，离性无别佛"，强调众生之心与佛性原本不异、一般无二、互不相离，众生通过自证自悟，就能达到与佛一样的清净无染之境界。慧能一系的禅宗所说的"自心即佛"的前提就是众生之心原本清净，蕴含般若智慧，只要自己能了悟到"一念转变，当下是佛"这个道理，就不需要依靠外部条件而直接可以达至涅槃状态。

在这里，"涅槃"不是指生命的终结，而是指一个空寂灵明的生命状态和感受。在这个涅槃境界中，已消除了一切烦恼痛苦，超越了生死轮回和物我对立，获得了真正的解脱自在。这样的境界是每一个生命个体都能达到的，只要通过运用自身本有的智慧，返身观照自己的内心，当下了悟就是到了佛境。所以禅宗有言："智慧观照，内外明彻，识自本心。若识本心，即本解脱。"①

莲花生大师与禅宗慧能一系的心性观点十分相近：一切诸法乃至万有，都是心的活动和作用。是继续在痛苦中沉沦，被烦恼缠缚，还是从烦恼中解脱出来，成就圆满清净的人生，全由自己的心来做主。当然，各种修行法门也要落实到生活之中。仅仅靠

① 六祖慧能：《坛经·般若品》。

“想”，那也不能获得究竟解脱。

不论是汉地慧能一系的禅宗，还是莲花生大师的教法，都强调以一颗“无念、无住”之心参与到日常事务和修行之中。不论是行住坐卧还是做其他的事情，都使这颗心的觉知不被外部境相所染，换言之，不要受外境的干扰，即便是欢喜的事情，也不可过于执迷，因为能让我们开心欢喜的事物也是无常的，这种快乐并不能长久地存在延续，而一旦带给我们快乐感受的外境不存在了，那么随之而来的便是烦恼。

真正的修行人并不是那种为了保持内心的平和安宁就不去面对世俗世界，而是在面对世俗世界时，无论它多么阴暗或嘈杂，都能够不受制于这世俗世界，虽然每天接触到各种境相，也不会对之产生执著。这种修持，是一种内心的自觉体悟，而并非要强行抑制自己的各种认识活动和见闻觉知。

莲花生大师作为藏传佛教宁玛派的开创祖师，其佛学思想必然对宁玛派的后续发展有着至深至远的影响，宁玛派的大圆满法便是从莲师那里传承下来的，因此，我们也可以这样认为，当今宁玛派的大圆满法关于心性和觉悟的教法，与莲花生大师那个时代的教法，应该存有细微差别，但大体上是一脉相承的。

大圆满法认为修行者只需“觉照当下一心，由其自显净智，而契证空性。盖此派承认吾人本心，本自清净，万德庄严，三身圆满，不假造作，本自现成。现前所修者，要不过为消业净习去此染污耳。”①

只要从染污妄念中剥离出来，还归清净光明的心性，这便距离解脱开悟已经不远了。若是能一念当下契合本性、圆证自心，

① 刘立千：《印藏佛教史》，民族出版社2000 年版，第117页。

便成佛道，出离诸苦。

究竟何为“大圆满法”，《土观宗派源流》中这样解释道：“此法说现前无有染著之觉性，明空赤露，为大圆满。若释其字义，说现有世界，生死涅槃，所包含的一切诸法，悉在此觉性空寂之内，圆满无缺，故名圆满，再无较此更胜的解脱生死方便，故名为大。”[①]所有一切众生，心性本来清净，生死涅槃一切诸法无不存在于明空觉性之中，众生之觉性，圆满无缺。此明空觉性，便是解脱生死轮回的大方便，除此之外，再无其他。

看到这里，是不是觉得这些教法与汉地的禅宗很是相似？禅宗也讲顿悟法门，也说众生与觉者之间不过是内心上的一迷一悟，佛与众生无有差别，心性本净，不过为客尘所染。宗密禅师有云：“若顿悟自心，本来清净，原无烦恼，无漏智性，本自具足，此心即佛，毕竟无异。依此而修者，是最上乘禅，亦名如来清净禅，亦名一行三昧，亦名真如三昧。此是一切三昧根本，若能念念修习，自然渐得百千三昧；达摩门下，辗转相传者，是此禅也。”[②]

莲花生的心性理论认为，最终解脱得觉悟的这个佛性“亘古即然”、“处处显现无碍”、融法报化三身于一心之内，同时，这个灵明空寂的心体也是宇宙万有的本原，世间万千事物现象，乃至诸佛菩萨，涅槃清净与娑婆轮回，这些无一不是心体之化现。他主张“即心即佛”，这一心性思想和禅宗颇为相近。禅宗倡言即心即佛，认为世间、出世间的一切诸法，都是自心自性的产物。六祖慧能倡言：“一切万法，不离自性。何期自性，本自清净；何期自性，本无生灭；何期自性，本无动摇；何期自性，本

① 土观·罗桑却季尼玛著，刘立千译注：《土观宗派源流》，民族出版社2000年版，第40页。

②《禅源诸诠集都序》卷一，《大正藏》第48册，第399页。

自具足；何期自性，能生万法。”①

一切众生无量劫来，从不曾稍有分秒远离此光明清净之心，只是众生被无明业障所缠，因客尘烦恼而蔽，对自心本性并未能体认。恰如百丈怀海禅师所言：“心地若空，慧日自现，如云开日出相似。”

烦恼是很可怕，但烦恼也没什么可怕的。我们活在世间，接触到的人有各种类型，遇到的事情也千差万别。陷落在人生低谷时，有人对你投来善意的目光，鼓励你勇敢前行，也有人对着你泼来一阵冷水，浇熄你对生活的期盼和追求。他人的评判，我们从来都无法左右，至于外部的境况，我们更是无法随意操纵。正如同他人的言语无法改变事实，外部境况也不会因为我们的不高兴就有什么变化。但是，如果我们自己能找个方法来对治烦恼，稳住一颗心，不让自己混乱不安，那么，无论面对何种境相，我们便都是安然的。佛陀也好，莲花生大师也罢，他们在度化众生、讲说佛法的过程中遇到的逆境为我们所难以想象，可他们毕竟是觉悟的人，自然在任何境况中都可随适自在。

他们的那颗心，清净光明、如虚空般，这颗清净心便是对治烦恼贼的良药，其实，我们和他们一样，也有这样一颗清净心，就看我们自己是否愿意踏实去证悟、修持。莲花生大师对众生宣说，内在精神层面的开悟乃是解脱身心的关键，这离不开对心的体认，“一切所现皆心之妙用，心的本性是自然智慧，则放下不管，只住于此本元心性上，所有迷相，不须断除，自然解脱。”②当自己的心经有所改变时，感受到的外境也会随之变化。外境所

① 六祖慧能：《坛经·行由品》。

② 刘立千：《藏传佛教的宁玛派》，原载《中国藏学》1993年第1期。

现的一切，毕竟是心性的妙用，也是心性的流露。因此外境的种种造作变化都不要贪取，心性安住于光明空性之中，则不需要刻意地修什么法，而自然获得解脱。

2 “无心”便是最高的智慧

外境的障碍，不过是自心因无明所缠缚而生出的幻象，它们的本性与烦恼一样，都不过是心上生起，自然也可从心上灭去。障碍与烦恼也没什么可怕的，它们也可以成为有情众生解脱觉悟的契机和途径。

莲花生大师把烦恼、业障比作我们精进修持的法门，一旦烦恼和业障穷尽，我们也就没有什么法门、什么途径继续修持了。当然，如果真的已经觉悟，证悟到平常而如实的智慧心性，烦恼和业障自然已经不会继续存在了，不是说它们凭空消失了，而是烦恼、业障与清净、光明融为了一体。从来没有什么烦恼业障，也没有什么清净光明，对于觉醒的心来说，这些并不是相互对立的。因为在已经觉醒的心中，所有一切二元对立都不存在了，觉醒的心，是无限的虚空，也是无限的光明。

佛经故事里对佛陀觉悟得道的经过有着很有意思的描述，佛陀在觉醒证悟的时刻，觉得拘禁他、绑缚他的那个囚牢已经打破了。这不是凭借某种外力的打破，而是觉性的新生，是内在的、心灵的力量打破了这种拘禁和绑缚。

那么，拘禁他、绑缚他的到底是什么呢？是习气，是愚痴，是因无明而生的万千烦恼。佛陀在未觉悟前和我们一样，也有烦恼，也有习气。无明烦恼捆绑住了每一颗原本自由的心，而愚痴则蒙蔽了心之灵明。这就好比，乌云遮蔽了月亮，遮蔽了天空。但乌云总有散去的时候，待乌云散开，月亮的清光又会俯临大地，天空的澄净再次显现。

尚未觉悟时的乔达摩太子，他的心与众生的心一样，受到无穷无尽的颠倒妄想的蒙蔽，因为心中的分别，又进一步产生了各种邪见、执迷、贪求，冲不破生死流转的牢笼，也挣不脱生老病死的痛苦。可是，一旦他迈向觉悟，并在觉醒证悟的那一刻到来时，心上的枷锁瞬间打碎，自我与众生、存有与不存有、生与死的种种壁垒也一起被击碎。

觉醒的力量犹如一把利剑，所有的藩篱都被它斩断。此后的人生，便是另番景象，从容安详、平和清凉，这种力量令人安心，也予人温暖，更重要的是，它给其他众生带来了如何瓦解烦恼、自行解脱的讯息。

这一切，都只在心上完成，而心之所以能瓦解掉烦恼，是因为它能领悟到空性的道理。“无物”是最高的幸福，“无心”则是最大的智慧。

也许有人会说，这世间之人，生来皆有心，世间哪有无心之人？还有那物质存在，难道我们不吃不喝不生活了吗？“无物”不就是要抛弃物质生活吗？这种日子，与已死的人还有什么区别？

不错，人都是有心的。但不同的人，自然有着不同的心。而所谓“无心”，当然不是要把胸前跳动的肉团给一刀剜去，也不是要我们变得麻木不仁，对外境的一切都无动于衷。所谓“无”，是要“荡尽一切恶知恶见，泯除一切分别对待，斩断一切攀缘执著。”①

①〔日〕福岛庆道著，高立译：《禅是无的宗教》（序言），河北教育出版社1996年版。

修行之人，往往用“活人剑、杀人刀”来比喻这个“无”。一个“无”字，便“无情地斩断了我们平常执以为真理的文字知见以及忘却自性向外持求的依赖心理……它通过彻底地断尽我们对境相的依赖，使我们在无望的情况下，放弃向外攀缘，一念回光，反求诸己，从而安住于自己的本性”①。一旦斩断了种种外求、依赖之心，我们能依靠的便只有自己的那颗心，这时才能谈得上“自立自省、自行解脱”。

“无心”不能简单地理解为“没有心”。汉地有位很著名的禅僧叫慧可，他说“心不可得”，但这有个前提，就是只有当心处于一种空无的状态时，才是这样。

心处空无，心如虚空，在心中既无所求，也无所执，唯其是“空”、是“无”，因此才能在各种境况中自由适应、任运自在，同时，自由地接受、容纳一切事物。

这时候的心，是一种充满生命力、充满创造力的心，可是，若要达到这种状态那也是一件相当困难的事，因为在我们的心头时时刻刻都有个“我”这种东西的存在。外境如何，众生如何，本来是没有任何好与坏、是与非的差别的，我们生命中所遇到的所谓的“障碍”，要么是由于之前的因缘果报，要么是因为自心的执著贪取。而一颗空无之心、光明朗照之心，无论它处于何种境地，也不管遇到怎样的众生，始终都散发着一种包容万有而充满喜悦的能量。

“无心”可泯除我们的凡夫心，粉碎分别心，断除执取心。换言之，用莲花生大师的话说，要“体悟心的空性”。空性是一

---

① 〔日〕福岛庆道著，高立译：《禅是无的宗教》（序言），河北教育出版社1996年版。

种正见，但必须还要生起对世俗享乐的出离心、对世间众生的菩提心，这才是修行的根本。

“无心”即是保持空性，保持一种警觉，时刻观察着自己的心，不要对外境生起执著和分别。用一颗保持着空性和警觉的心去应对一切境相，按汉地禅宗的说法，这叫做“寂照”。所谓“寂”，便是空性的状态；所谓“照”，便是保持着一种警觉。这是一种极为殊胜的修行。

3　“一切显现只是心性的流露”

根据佛教的说法，世间一切众生之所以有轮回，是因为心的无明。无明显现出无常的心念，这些心念流转不息便形成了意识，而意识的相续又形成了对万法存有的感受，这种存有是一种时间性的感受，其实并不如人们所想的那般真实。

一些人听到这个理论时，必然会心生疑惑，乃至于拍案反驳：“我分明是个有痛感、有知觉、有喜怒哀乐的活生生的人，怎么能说我‘不真实’呢？还有我周围的这一切，那汽车在开动，居住的房屋不仅冬暖夏凉而且还能遮风挡雨，这怎么能说是‘不真实’的呢？”

佛教从来不否认物质的存在性，只是，这种存在是具有时间效应的。随着年龄的增长，我们的身体逐渐衰老乃至走到生命的尽头，这一世的生命结束了，人身存有不过百八十年，相对于此后的无涯时间来说，这种存有是多么短暂啊！汽车、楼房，生命中有形的物质存有也好，无形的关系存有也罢，只要是有为的存有，便不会呈现出固定不变的现相。有生就必然有死，存在就必然会消失。但是这死与生是相互对立的吗？存在与消亡是相互对立的吗？并非如此！因缘在流转、在变化，但外境的这些显现，却只与我们的心性相关。

莲花生大师说：“外境本身并无过错，因为执著才成障碍。”世人常因无明而生分别妄想，其实外境并没有绝对的好坏是非标准，比如某家有亲人去世，对于这家人来说这是件悲痛的事，可对于靠着出售丧葬用品的人来说，却视为能获得收入的事。同样的事情，在不同的众生那里便有了区别，这事情究竟是悲还是喜呢？实际上，既不是悲，也不是喜。通达无常之理的人不会觉得生命结束就一定悲痛的、赚得钱财就一定是欢喜的。但世间众生，终究因为颠倒执著而看不到外境的实相。

众生常因颠倒执著而被外境缠缚，实际上许多时候是自寻烦恼。众生因颠倒执著而生起迷惑，又因迷惑而造下诸业。佛陀住世时，有一次与阿难尊者一同外出，途中遇到一堆黄金，佛陀却说那是“毒蛇”。这些金子被路过的一位农人拾得，但这些金子本是贼人偷来，又为逃命而半路丢弃。可怜的农人成了替罪羊，被处以刑罚，他的确是被贪执这条毒蛇给咬了一口。愚痴的人会坚决同意佛陀的说法，那些黄金果然是毒蛇。但智慧的人不这么想，黄金就是黄金，你可以用它去利益众生，同样，也可以被它拖入贪执和欲望的深渊，并因此而做下更多蠢事，乃至身心不得解脱，常在烦恼中辗转。

黄金象征着财富，它既可以成为祸害人的毒蛇，也可以成为利益人的甘露。都是同样的东西，却因为人们持以不同的心而显现出不同的作用。

莲花生大师在教诲众生时说道：“一位掘藏师，他的见地不能有所污染，必须知见十分的清净。污染的见地横行，会给修法带来许多的障碍。”①

不仅掘藏师要有纯净的见地，就连普通的众生也应该有相对来说比较纯净的见地，如果见地不纯净，心不纯净，那么对自己的生活无有任何益处，更遑论修行、觉悟、度人呢？正因为“一切都是心性的流露”，所以，我们的心不可以不纯净、不可以不明澈，我们的每一个心念都会作用于自己的生活中，也会作用于身边的人事物上。

如果说，那些生起觉心的修行人眼中的世界与凡夫眼中的世界有什么不同的话，那么，莲师必然会慈悲地对你说，他们的心念不同，所以对这个世界的感受也不同，世间自然是有诸多痛苦和违愿逆境，但在真正的修行者看来，这也是生命中应当修习功课。心念若是纯然光明，又何必对外境有所恐惧呢？

“一切显现只是心性的流露。

即使整个宇宙毕现于前，也只是心性的流露。

即使六道众生毕现于前，也只是心性的流露。

即使天人的福报毕现于前，也只是心性的流露。

即使下三道的苦境毕现于前，也只是心性的流露。

即使贪嗔痴等五毒毕现于前，也只是心性的流露。

即使自生的本觉呈现于前，也只是心性的流露。

即使涅槃道上的善念呈现于前，也只是心性的流露。

即使各种魔难障碍出现于前，也只是心性的流露。

即使天界神祇及其境界出现于前，也只是心性的流露。

① 莲华持明：《莲华生大士全传》（下册），中国社会科学出版社2004年版，第177页。

即使各种净念出现于前，也只是心性的流露。

即使证入无念的定境，也只是心性的流露。

即使观得万物光影交错，也只是心性的流露。

即使证入色无边处定或识无边处定，也只是心性的流露。

即使证入一多不二，也只是心性的流露。

即使一切色与一切空毕现于前，这也只是心性的流露。

没有任何境相，不是出自心性！”①

菩提也好，觉性也罢，这都是众生之心的本然状态，我们的心性既是光明无染、充满觉悟力量的，同时也可随缘任用，即随着外境的变化而任运自如。因为心上无所挂碍，因而呈现出如水般的状态。我们看看那水，不论装在何种形状的器皿中，它都能随状赋形。我们的心，也应该是这个样子的。

在许多佛教经典中，都对佛陀证悟的阶段有过详细地描述，那个证悟的夜晚，他的心镇定而清净，没有任何瑕疵，也不再生起烦恼，那颗心柔软而随适、专注而坚固，既不可动摇也不死板呆滞。他忆起许多个前世，由于各种不同的因缘而出生在各种时空。每一世，他都做过哪些事、出生在怎样的家庭、见到过什么人……这些种种显现，都是心性的流露！

在人类历史上，那些觉悟了的成就者，都试图让我们明白这个道理：所谓佛性，不过是无瑕无垢的心在现前的觉醒，这颗心空无体性，洞晓一切，浑然天成而又清净光明。

众生的心性，可以用“天空”来譬喻，无边无际、无所不包，但它却比天空更加光明灿烂，因为心性具有解脱和觉醒的特

① 莲花生大师作，刘巧玲译：《无染觉性直观自行解脱之道》。

质。可时间凡夫终究不懂这个道理，妄以为自己生活中的所有境遇，都是外力造成。际遇不好的，便多生抱怨；违缘频多的，就怒气横生。殊不知，外境再怎么不好，终究会败给一颗充满觉性的心。

敦珠仁波切曾做过这样的教言：

“没有文字可以描述它，
没有例子可以指出它；
轮回没有使它更坏，
涅槃没有使它更好；
它未曾生，
也未曾死；
它未曾解脱，
也未曾迷惑；
它未曾存在，
也未曾消灭；
它毫无限制，
也不属于任何类别。”①

莲花生大师见世间众生不思解脱、不求精进，在不了解“心”的情况下做出种种误读、种下各种恶因，真是痛惜不已。我们生活在一个“诸事都向外求取、执著”的世界中，很少有人去思考自己为何会遇到违缘，自己面对逆境时应如何保持心灵的

① 〔美〕索甲仁波切著，郑振煌译：《西藏生死之书》，中国社会科学出版社、青海人民出版社1999年版，第63页。

平静而不是一味地发泄牢骚和抱怨，当然，世间更多的人只是花费生命追逐着物质和享乐，或者追逐自己思想和心念的投影。

我们控制不住自己的心念，因为各种负面情绪充斥在心，我们总是对人生、对他人、对世界充满了怨恨，我们心中的怨恨反过来又作用在我们自己的身上，让自己的境遇变得更坏。

莲花生大师说，不懂"心"的人，必然缺乏一种内省的能力，但其实诸佛的心，与众生的心是毫无差别的。

"即使大家所谓的'心'普受尊敬和讨论，但它还是不曾被了解，或是被误解，或是一知半解。

因为心不曾被正确了解，就如同它自己不了解自己一般，所以产生了不可胜教的哲学观念和主张，更有甚者，因为一般人不了解、不认识他们的自性，所以就继续在三界六道中流浪，经验痛苦。

因此，"不了解自己的心是严重的错失"①。

心性的觉悟能力不是知识，更不可能从书本中靠着死记硬背而学来，也不是追随过多少上师，研读了多少经论就可以获得。心性的觉悟能量是一种技能，是人人本性皆有且可以掌握的技能，其前提便是如法的修持。一个善于内省的人，必然会更加珍惜自己的人生，也会更加倍珍惜这个世界以及自己生命中出现过的其他人。内省是一种饱满的力量，因为这是觉悟的开始。一个觉悟者、修行人，必然是一个善于内省的人。

当然，内省需要非常大的勇气，同时也需要敏锐的洞察力，这不仅是对周遭事物的洞察力，更是对自心的洞察力。"一位修

---

① 〔美〕索甲仁波切著，郑振煌译：《西藏生死之书》，中国社会科学出版社、青海人民出版社1999年版，第66页。

行人，不要碰到些微的波折，就轻易喊着：‘有障碍了！’我们在修行时，如果感觉到需要纠正自己的行为，或是觉得任何的事情需要改变之时，都要如实了知自己的最初发心，依照原本的发心来修证。”①

所谓障碍，自然也是心性的流露。可障碍也是修行者获得进一步觉悟的契机。所以，所谓的那些障碍，只有在内省力度不够、缺乏勇气的人那里才算是真正的障碍，因为他们的修行还只是停留在口头上，或停滞在较低层次的阶段。虽然莲花生大师也说，本觉自性是自然出生、自然圆满的，但世间众生被无明习气所缠缚，要从烦恼到解脱，自然需要一个过程。在这个证悟过程中，所有的违缘、障碍、困难、逆境，都不过是为了检验我们的修行觉悟程度。修行正是为了面对障碍，面对烦恼，面对业障和习气，而不是花尽心思地逃避它们。

圆满光明的心性，它超越真妄、世间出世间、众生与自我、自我与诸佛之间的二元对立，它是一切生命能量的源泉，但其实它又是一种多么平常而如实的智慧。

① 莲花持明：《莲华生大士全传》，（下册）中国社会科学出版社2004年版，第176页。

第八章

唯有了解心，才能打开心

心之本性何其奥妙，涅槃与娑婆竟能圆融于一心之内，此岸与彼岸竟在一心之上。心之本性亘古便是朗然光明、空明无染，可叹世间众生却无缘得识心之本性。莲花生悲悯世人，以大慈悲心故，留下众多佛学著作来阐述心之奥妙，并留下伏藏传承，为的就是能使后世更多众生从大圆满的心法中觉悟到心的本性，清除无明烦恼，超越生死苦难。

心之本性，原本就是解脱和自在，原本就是光明和空性。

1　心在觉中，便无缠缚

在每一个众生的心之最深处，在无量劫前便已生出无死的虹光。只是世间众生不识自心之明空无染的觉性，在自造的贪嗔痴诸毒中辗转生灭，似乎是被一种无形的力量牵引着，但其实每一个众生都可做自己的主人，虽然这道理不假，可唯有在觉悟之后才可以这样称说，因为在未觉未悟之前，众生还只是被无明烦恼所困、身心不得自由的凡夫。他们常虽外境变化而迷失了心的方向，莲花生大师虽然一再说，我们对一切境界——不论好坏，都要不取不舍，不做执著，不做判断，可众生毕竟烦恼习气由来已久，并非轻易就可对治。

若是心在觉中，便不再像以往那般自作缠缚。把心念安住于觉性中的众生，他们不黏着、不偏执，他们明白一个甚深的道理：世间万有无非心所化现，乃至佛菩萨的殊胜外相，也是依空性如幻现起。即便是自己的这个身体乃至一切法界现象，也不过是由法界因缘聚合而成，如同梦幻泡影一般。有此觉悟，所以能从贪嗔痴慢疑的业障缠缚中脱离出来，妄心一转，清净顿现。

《景德传灯录》中有云："见色便见心。且唤什么作心？山河大地、万象森罗、青黄赤白、男女等相。是心不是心？若是心，为什么却成物象去？若不是心，又道见色便见心，还会么？只为迷此而成颠倒种种不同。于无同异中强生同异。且如今直下承当顿豁本心。皎然无一物可作见闻。若离心别求解脱者。古人唤作迷波讨源。卒难晓悟。"①这与莲花生大师所谓的"自性本是解脱，因迷而生障碍"的心性思想何其相近！妄念一起，烦恼顿生。但这妄念也可以在当下自行瓦解，再深重的烦恼，也可以于当下自然解脱。

在觉者看来，真正的自在解脱便是能所双融。能，即我们这个主体；所，便是外部世界，客体。对于未觉之人来说，遇到什么不合自己心意的事情，或是听到他人的批评指责、侮辱怒骂，肯定会心里不痛快，怨恨、恼怒、烦躁等等烦恼一时生起。但对于觉悟者来说，他们倒不会说什么"此刻正是修行时"，或许初入修行门的人还会生起如是想法，但对于已经觉悟的人来说，修行是没有此刻彼刻之分的。人生时时刻刻都是修行，都心处明空之中。在能所双融之后，自己与外境已然打成一片，无有主客、内外之分了。你把杯子里的水倒进大海之后，你能指出哪一滴是海水，哪一滴是原来杯子里的水吗？再比如，你划了一根火柴，

① 《景德传灯录》卷25。

然后将其扔到篝火之中，你能说出哪团火焰来自于火柴，哪团火焰来自于篝火吗？

能所俱空，主客双融也是这个道理。在到了这种觉悟境界之后，我们不会再用主体客体去衡量生命中的一切。我们不会再认为，只要往生到另一个清净的世界就可以彻底实现身心的解脱，而是会在当下时刻就排空妄念，放下执著，当下清醒觉悟，当下身心解脱。

若心在觉中，必定不厌弃世间，也不执著于涅槃，不仅对一切众生乃至世间万象不再生起执著，甚至对佛、对菩萨、对解脱涅槃、对修行方法、对解脱出离同样也不会再有执著之心。佛之外相虽庄严、菩萨之相虽慈悲、修行手段虽能帮助我们解除身心痛苦，但若是一念执著，念念便都落在烦恼之中，说不定刚刚暂时脱离烦恼的身心又会陷入更深重的障碍之中。

不要说“我的心上只有修行二字，我的心上只有佛菩萨”，也不要觉得“我一生都在做善事，行善法，身死命终后必定有个好去处，或者现世便有很多福报”，这些念头都不要有。执著于所谓的修行和善法，也是一种执著，同样会让身心缠缚，不得自在，而一个觉悟者即便救度了所有众生，他也不会将这些事情挂在心头；他即便修学了无上的善法，也不会以此而标榜，或因此而觉得自己多么地与众不同。

觉者时刻让自己保持着警醒，为的就是不在心念颠倒的时候又陷于无明之中。生活在世间的觉者，自然也要想其他人那样工作、奔波、照顾家庭，但他们却更乐于把用力的方向指向自心，而不是向外驰求。

“观自心”远比在世间追逐各种享受更能让我们受益。我们的心性，从明相上来说，它有着各种各样的名称。

“有人称它为心，或心性；

有人称它为梵，或大我；

有人视它为无我的教义；

有人直称它为心而已；

有人称它为般若，或圆满智能；

有人称它为如来藏，或佛种；

有人称为大手印；

有人称为唯一本体；

有人称为法界；

有人称为阿赖耶，或一切种；

有人只称它为平常心（觉）。”①

不论名相上如何称谓，那也终究是个名相，而我们要做的，是圆证这明空无染的心性。如何证悟？世间自有不同的修行法门，尽管许多觉悟者、修行人普遍认为静默独处是保持内心觉醒的方法，但我们依然要在人世间从事各种行业，与各种各样的人接触。因为只有将自己置于世间，才能检验出自己是否真的在修行，自己是否真的在修行中减少烦恼，自己的觉性是否真的渐渐打开。

人人的心头都住着一个魔鬼，但人人的心头同时也住着一个觉者。这魔鬼便是无明，而觉者则是我们心性的清净光明的一面。

在很多时候，我们都像一个暴君一样，独断专横，以自我为中心，只有“我的感受”是真实的，是需要被重视的，我们对自

① 莲花生大师作，刘巧玲译：《无染觉性直观自行解脱之道》。

己的心念缺乏观察，最终把自己拖进痛苦的深渊。既然外境如此麻烦，那我们是不是就应该远离它呢？自然不是。这个世界以及那些刹那变化的外境，不过是我们修行觉悟的道具，而对于已经觉悟的人来说，它们便是玩具，是一场梦幻，或者是一场自导自演的电影。

每一个众生都活在由心“导演”的场景里，在这些不同的场景里，经验着悲喜痛苦、烦恼别离。在不同的场景里，我们的烦恼、习气和各种障碍都由自心现起。只是，我们往往又做出分别，认为是烦恼障碍是这世间带给我们的。于是，我们便在世间之外另造一个清净安乐的所在，其实，娑婆世界与清净极乐世界哪有什么分别？若说有，那也只是因为有了心性上的悟与不悟、觉与不觉的分别之后才妄生出娑婆与涅槃的分别来。

我们的心念上生出种种分别妄想不说，我们还执著于自己的分别妄念，从分别妄念中又生起无数烦恼。世人长叹，有心便有烦恼，若是无心，就好了，因为无心便无烦恼。其实，并不是无心就不会有烦恼，而是“有心”才不会有烦恼。有一颗觉悟的心，自然便不生执著，不生挂碍，没有烦恼。当然，说无心无烦恼也说得通，因为没有了执著心、分别心、妄念丛生的心，便没了烦恼。

根据莲花生的传记，我们得知，莲师在弘法时对众生开示道，世间那些“追求衣食的人，会像奴仆一般，无法得到自由。所以，我们不要去奢望求得美食佳服，只要能够让我们的生命存续，粗食陋衣也就足够。”[1]所有的外相都是如幻的，既不能长久

① 莲华持明：《莲华生大士全传》（下册），中国社会科学出版社2004年版，第174页。

地、永恒地保持着一个状态而不变化，也不能随着我们出生时带来、死亡时带走。如果我们能证悟到这一点，那么我们就现观到万法的空性。但是，若我们面对这法界如幻的各种现象时，心中生起了贪爱、执迷，也就会随之产生错谬、颠倒的妄想，因为这些错误颠倒的妄想又产生出种种烦恼相续的感受。

既然纷乱的颠倒妄想如此扰乱心境，那么我们就安住在清凉宁静的轻安境界之中吧。在这样的境界中，没有忧愁，也没有苦恼，可是有觉性的修行人却不会对这种轻安境界心生执著。因为他们了解，所有一切的修行境界再怎么感觉美妙，那也是如幻的，是没有自性的，因而，也是不需要执著的。

心在觉中，一切的所修所、证悟也是如幻的。但即便如此，我们依然要精进地、老实地修持，只有身心完全健康的人才能说："我现在不需要服用任何药品。"而对于那些尚被病痛折磨的人而言，如果他们说自己不需要治疗，不需要服用药物，那么便无疑是自寻死路。执迷世间诸法自然是愚痴的表现，贪爱于某种修行境界一样会给自心套上枷锁。

是空是有，都不过是对假相的一种认知，执于哪一边，都算不得是智慧的识见。离一切执有，离一切顽空，空有双破，心无拘牵，是大圆满。

可是，世间那么多众生，他们沉溺在感官的享乐中，不仅难以奉持善法，即便身边有人教化，也依然难以步入正途。莲师以慈悲之心为众生开示生、老、病、死四大种苦，为的就是能唤醒世人对生死大事的认知，而不再是浑浑噩噩地生活下去，在造下诸种业障之后，又沉陷于苦海之中，难以出离。

莲师为鞭策、鼓励众生趋向正道、离苦得乐的决心，先是肯定了六道之中的人间乃是最为吉祥、可贵，最适于精进修行。可人间的苦痛烦恼也是无量无边。胎儿在母亲腹中时，不仅母亲行动不便，身体会比平时增添更多苦痛，腹中的胎儿也是种种苦痛，不得自由。“母亲饥饿时，胎儿感到宛如坠崖而下，斜侧不稳，心生恐惧。当母亲吃饱时，又觉得像是夹在岩缝之间；他们的身体不会活动，好像被捆缚一般。”①

胎儿遭受这许多罪过，辛苦怀胎、生养孩子的母亲所遭受的罪过比这更甚，母亲和婴孩的性命，完全不能自主，恰好比有一半的性命进入到了阎王殿中。及至胎儿平安降生，许多人都因此而庆贺，殊不知，一个人真正的烦恼与痛苦才刚刚开始。婴孩缓缓地长大成人之后，“待人接物时时受到监视，急躁口干身心也极劳累，没有一天不必警惕忧虑。敌人多而亲人少，心口疼痛时常失眠。”②看看，这像不像成年人的日常生活？我们说要奋发自强，结果却变成了攀比、自戕。每天的生活围绕着一个“争”字，每天的身心都因为一个“争”字而备受搅扰。我们与人攀比，争名誉、争地位，处心积虑地妄图谋得更多。甚至在很多时候，我们所争来的东西，对于自己的生活并没有一点改善，反而成为生命的累赘。但世人往往并不因此而警醒，反而继续在喧嚣、争夺、吵闹之中过活，难怪莲花生大师叹息着，人们总是为了无益的事情而奔波、烦恼、忧伤，宁愿把生命浪费在吃喝享受上，也不肯思维佛法，精进修持。

穷人们活得苦，富人们活得也苦，乃至出身王族的人、出家修行的人也苦。“孤儿寡母默默地受着苦痛，缺衣少食债务缠

① 莲华持明：《莲华生大士全传》（下册），中国社会科学出版社2004年版，第312页。

② 莲华持明：《莲华生大士全传》（下册），中国社会科学出版社2004年版，第313页。

身，前人之苦后人却来承受……大王们受着担心丧失民众主位的痛苦，有的僧人学者害怕别人强于自己而痛苦。小寺院的师父被事务搅扰而痛苦，有的佛教徒或苯教徒由于担心收入减少而苦恼，有的人脱不开被怨敌诅咒的痛苦……有的大人物怕遭受贬抑而痛苦，小人物也为着功成名就而痛苦……”①

以上这些痛苦各有其社会原因，而人类面对凶悍无比、变化无常的大自然时，也流露出恐惧和痛苦，诸如水涝、干旱、人畜疾病，还有水灾、火灾、毒蛇猛兽等等，都可以成为人们痛苦烦恼的原因。

即便是年轻力壮之人，还常被苦痛煎迫，更何况是年迈体衰的老年人呢！“当岁数一大时，体质就逐渐变坏，身上美丽的光彩也逐渐消失，挺拔的身躯慢慢地垂弯下去，四肢佝屈，而脉搏也起变化，体力渐衰，心头壮志也弱了。”②上了年岁的人不仅自己因为身心老化而觉得难过，而且家中若有不孝子女，遭受欺侮，那更是苦不堪言，“老态龙钟是谁都不喜欢的，年轻人也不愿给予好脸色。衣服脱下之后，甚至无力再穿上，有时虚弱得连下身都不能自己遮掩，年轻人看见了，尽当做笑话。”③

人衰老之后的种种苦楚和烦恼一一呈现于我们面前，令我们倍觉青春之难得可贵。人们不仅在活着的时候要遭受诸般烦恼苦痛，对于那些病痛缠身的人来说，他们所承受的烦恼忧愁就更加

---

① 莲华持明:《莲华生大士全传》（下册），中国社会科学出版社2004年版，第314页。

② 莲华持明:《莲华生大士全传》（下册），中国社会科学出版社2004年版，第315页。

③ 莲华持明:《莲华生大士全传》（下册），中国社会科学出版社2004年版，第315页。

倍了。“疾病来自身体地、水、火、风四大不能平衡，并由风、胆、涎分的失调而导致疾病……身患重病的可怜人，染上病痛十分难以忍受，他们牙垢、嘴污、脚秽、手污、眼球凹陷、汗毛直竖，发出很难听的痛苦呻吟。”[①]重病缠身的人不仅蓬头垢面，连清洁身体都顾不上，而且连吃饭喝水的力气也没有，即便亲人朋友愿意照顾，可到底无人能够分担病人的痛苦，这种病苦只能由个人承担。

在说完生老病诸苦之后，莲师又向人们开示死苦。“人没有一个不爱自己，但‘自己’却在担心着活着的人，不甘心抛下心爱的东西自己一个人走了……虽然自己就要死亡，但却依然留恋世间，还指望一线生机能出现……脸上的光彩消失了，口里发出了叹息的声音，牙齿上出现了黑色的污垢，舌苔中间显现出了黑块，知觉迷失，陷入昏厥的状态。”[②]

不只是重金无法购买多余的时间，就连修为深厚的密宗师也无法挽救死亡，我们不能让任何人代替自己死亡，而我们生时拼命积攒的钱财，到死时分毫都带不走。生、老、病、死这四大苦，是一种自然规律，没有人可以更改，也没有人可以逃避这种种痛苦和烦恼，唯有生起觉悟的修行者，他们经过不懈地精进修持，渐渐地取入正道，才可得到解脱，不因生老病死乃至种种外境的无常变化而烦恼痛苦。

莲师所说的这些痛苦并不夸张，即便到了现代社会，诸如此类的烦恼现象也不难见到。从这些关于生老病死四大苦的描述

① 莲华持明：《莲华生大士全传》（下册），中国社会科学出版社2004年版，第316页。

② 莲华持明：《莲华生大士全传》（下册），中国社会科学出版社2004年版，第317页。

中，莲师把众生生时、死时的千般苦楚生动地呈现在世人面前。当然，莲花生大师的这些开示都出自于其传记中的记载，关于莲师传记中记叙的这些教法、开示，自然也是有所依据的。我们应该感谢那些为莲师作传的作者们的生花妙笔，令我们能够得闻莲师的珍贵开示。

莲花生大师开示众生，即便是出生在人道，尚且有这无数无尽的苦恼，更何况世间还有许多众生为虚妄的事情而执著，在取舍分别中自作缠缚。莲花生大师告诉我们，不要害怕烦恼和痛苦，因为这些是增进智慧的资粮。他慈悲地宣说生老病死之苦，是为了让世人生起觉悟之心，免得继续在生死之中辗转烦恼，不得休息。

苦构成了人生的主要内容，但从苦之中生出觉心才能超越这痛苦。

2　何为人生的大圆满？

唯有解脱诸苦，才能证得涅槃。佛法认为，涅槃即是解脱了生死苦恼、贪妄染浊之后才可证得。涅槃既可以在生命尚存时证得，也可以在命终之后证得。前一种为有余涅槃，后一种为无余涅槃，这两种涅槃相比而言，有余涅槃较为殊胜，也更为佛门所重视。

身心的解脱乃出于自心的修悟，从身心被无明捆缚到觉悟涅槃，这是个随顺因缘、趋向智慧的觉醒过程，并非强求便可得到圆满的结果。在涅槃解脱的路上，我们要经历种种身心状态，有时喜悦开怀，有时愁云满心。在很多时候，我们的身心状态并不算美满，比如焦虑、愤怒、急躁等等，但这些负面的状态反而会催逼着我们寻求身心安宁之道。唯有对痛苦烦恼有过切深感受的人，才会生起求道之心，就好比病痛缠身的患者不惜一切代价都要找到医治身心的灵丹妙药一般。

当然，莲花生大师并不赞成那种过分执著于解脱的修行方法。修行中最恰当的心灵状态并不是一味地在果上用功，也不是择取完全放逸的状态。自中道之中求解脱，远离一切偏见，这才是修行中比较完满的身心状态。如果我们已经在心理上接受了无常变化，并且对它不带任何偏见，那么我们便可以从变化中有所成就。无常变化，是一种新生的力量，虽然我们无法预知它将把我们的人生方向引领至何处，但至少，不论在何种情境下，我们都要守护好自己的心。如果拒绝变化，那么也就意味着让生命变得封闭。最好的生命状态理应是开放式的，是不断地吸纳、接收，但从不产生偏见和执著。一旦生命变得封闭，内心生起执著，那么也就意味着生命从此陷入了停滞的状态。

从一个被无明烦恼缠缚的凡夫，到一个智慧通达、满心清净光明的觉悟者，应该是一个自然圆成的过程。任何对于解脱成果的执著，都只能让身心更为痛苦。

“那光明灿烂的觉性，也就是所谓的心性，有人视它为具体存在，实际上它并非实存。然而它又是一切之始、涅槃极乐及娑婆苦海的根源。”[①]世间众生，往往认为妄心便是执著，便是认假为真，但最大的妄心却是不了解心性而在心外求法。在觉悟者看来，我执打破之后，自我与众生的界限便不再存在，这绝不是说自己与他人就可以不需要那种独立的个人空间，而是会在心上生

① 莲花生大师作，刘巧玲译：《无染觉性直观自行解脱之道》。

出这样一种感觉：自己好比是杯中之水，在进入到大海之后，便与大海融为一体。自心与众生之心都是纯明平等的，众生之与佛心，也是如此。

这种圆融并非是脱离我们的生活，你在工作、生活的时候，心性中的光明和空性也依然存在。并不是说你辞了工作、不要了生活，独自一个人修行，就能证悟到明空觉性。当然，这也不是真正的修行。真正的觉醒，是在你行、住、坐、卧等等时候都能保持着对心念的观照，而这种观照却不是刻意而为。

个体与众生、众生与佛陀（觉者）、此在与彼在、烦恼与解脱圆具于一心之内，这是一种圆满；在这本觉之中，“法报化三身圆满如一”，这是一种圆满；明了自心觉性、洞彻无常无我之真理，走上修行之路，这也是一种圆满。

真正圆满的自心，依然能保留真我的风采而不是泯灭了自己的个性；真正圆满的自心，必然是把顺境与逆境、善缘与恶缘、烦恼与解脱融通为一。要达到这样的境界需要的不仅是大格局，还要有大智慧，佛教中将其称为“般若”。在这种智慧的观照下，我们不仅能够谛观到生命中的一切人事物，包括自身都是一种“有为法”，而且还能谛观到它们都有各自的内因外缘，并在这因缘聚合中不断地变化着，这是一种缘起有。再进一步，我们又谛观到外境的无常和无我，在般若智慧的观照下我们进而又领悟到不要把灵明的心系缚在善变易逝的有为法上。不执著，便得自在。道理就是这么简单，可对于众生来说，还要有实际的证量。道理懂得再多，也不如踏实地修行一刻。

如此观想，如此修行，有一天你或许会觉得在别人看来是很苦恼的事，但在你眼里却平平无常；在别人看来是恶缘的关系，对你来说却不过如此，无需烦恼。在困境和挫折面前，别人焦头烂额，而你却淡然相对，因为你知道，凡事都要适因适缘，任何情状都不会一直持续，而是在变动之中，变动便给人生带来了契机，所以你能不忙不乱，不恼不烦。这也是一种圆满，虽然只是就世间来说，但已经甚是难得了。因为对于大部分人来说，他们对金钱和享乐的关注度要远远高于对心灵的关注度。智慧慈悲的莲花生大师在即将离开吐蕃到其他地方弘法时就说："受苦之后，还不去思维佛法，这是何等愚痴呢？"在说起浑浑噩噩的人时，他又悲叹着，"白天忙于世间的俗务，晚上则被愚昧的睡眠所耽误，而其中则忙着吃穿，庸庸碌碌的一生就这样完结了……如果只是为了短暂的此生而烦心，为了今天或明日而操劳，就算今天就要死，也不知去思维佛法，这样是不对的。"[①]他还善意地劝导人们，"对于亲友要认清情爱的无常苦痛与不实。为了虚妄的荣辱，而消磨时间是没有意义的。"[②]

一个人，不论他占有多少财富，享受过多少欲乐，如果他不能觉悟到自心的明空觉性，还是随着外境而生起苦乐烦恼，反复折磨自己的身心，那么他的人生都算不得是真正的圆满。

如何实现圆满的人生？

多做善事算不算？忍辱精进算不算？广行布施算不算？

这些正向的行为确实会牵引着我们走向更美满的人生，可是，如果不能悟到心灵之光明、之无染、之妙用，那么便与真正的身形解脱还尚有一定距离。

莲花生大师对众生如此开示：

---

① 莲华持明：《莲华生大士全传》（下册），中国社会科学出版社2004版，第339页。

② 莲华持明：《莲华生大士全传》（下册），中国社会科学出版社2004版，第339页。

“一切所现只是心的境界，外器世间现为冥顽之物亦是心，内有情世间现为六道众生亦是心，现为上界天神安乐的境界亦是心，现为三恶道的苦恼亦是心，现为无明烦恼三毒亦是心，现为自然智慧之觉性亦是心，现为善念涅槃亦是心，现为魔鬼作障亦是心，善现为佛神和悉地亦是心，现为各种清净境界亦是心，现为无分别专一而住亦是心，现为形相颜色之万物亦是心，现为无相离戏境界亦是心，现为一多不二亦是心，现为非有非无亦是心，所以没有任何境界不属于自心。”①

外境是心的化现，心念如何，外境便呈现出怎样的情状。因为我们先生起了消极的、负面的执念，必然会在这执念的牵引下做出相应的行为，这些行为必然会导致我们不愿看到的、负面的结果。可如果我们面对变化多端的外境时，能保持着开放的心怀，打破局限，自己的人生便又会是另一番景象了吧。

我们不妨把这个道理放在自己的人生经历中去思考，也许自己失去了心爱的人、弄丢了原本还算不错的工作、穿着自认为是最得体的服装去参加聚会却被突如其来的阵雨淋湿……没错，我们没有办法抓住决意离去的人，也很难让上司做出挽留你的决心，更不能控制别人不要对我们做出嘲笑。但是，即便爱人没有离去，爱情就真的是永恒不变的吗？即便上司没有做出裁员的决定，我们的人生就一定不会出现波折吗？即便我们没有穿着湿漉漉、脏兮兮的衣服，旁人就一定不会嘲笑我们吗？如此去想，心境若是能豁然洞开，那么这些小挫折还会成为我们心头的烦恼

① 莲花生大师作，刘立千译：《直指觉性赤见自解》。

吗？对此淡然一笑，继续走自己的人生路，不固执也不设限，不要把外境作为绑缚身心的枷锁。

可对于尘世间的大多数众生来说，还是很难做到真正的自在洒脱，执著这种心病，当真不好去除，可越是难以祛除的心病，越是容易让人生起烦恼的外境，也越是能使人有所成就，这成就与积累多少财富无关，而是心灵上的提升。

觉悟的人明白这个道理，各种外境情状由心现化而出，他们不会被外境牵着身心而走。他们同样也明白，对于难以预料的外境，我们确实无能为力，但心上不执著，外境如何也构不成障碍。

众生之心，便是使身心最终解脱的“种子”。众生之心先天地便有这样一种觉悟的能力。在莲花生大师看来，“烦恼是心，成菩提的也是心。二者只是在一心上迷悟的差别。因此对烦恼不用彻底断除或对治的办法，而改用转变的办法，转烦恼为菩提。”①每一个众生从本以来就有着一颗菩提心，这菩提心是光明朗净的那个心体。因为每个众生的心内既有染净也有真妄，解脱既是通过修行证悟而清除妄念执著，也是转染为净、转妄为真，真正的清净圆满、智慧圆成便该是如此。

真正的大圆满，无有分别妄念，一切二元对立都打破，能所二执完全消融。“心性不灭，任何境界都能现起，虽然现起，亦如海水与波浪并无有二，故在心性内解脱。”②外境的所有种种，不过是假名安立，于世间法而言，物质世界确实是我们维持生活离不开的。比如财富，比如感情。没有财富，我们便无以生存；

① 刘立千：《藏传佛教各派教义及密宗漫谈》，民族出版社2000年版，第15页。

② 莲花生大师作，刘立千译：《直指觉性赤见自解》。

没有感情，我们的生命中便总像缺少了什么。佛教并不否认这些。但是，即便是财富也好，感情也罢，最终都不会在生命结束的那一刻被我们带走，说得再通俗些，世间万物，我们只有使用权而无占有权，能明白这一点，基本上便能做到不那么执著，或者执念更少些。对于觉悟者来说，任何境相都由心而生起，自然也可在心内解脱，但对于世间更多的众生而言，这个境界并非是一朝一夕就能达到的，我们还需要真实的证悟修行，而那些已经觉悟的人，他们只不过是比我们提前了悟到那至深的道理并付出实践而已。他们便是比我们先踏上圆证觉性之路的人，而最终，他们到达的境地，我们也会到达，不过或早或晚、或快或慢而已。

要打破所有一切的二元对立观念，甚至连成佛的欲念也要放下、打破，不然我与佛、众生与佛之间的二元对立仍会成为一种执念，成为一种心病。若我们觉悟到，自己与佛本来就是圆融为一体的，我们便根本不会出现“要往生到何处佛国”的问题，也不会有“现实世界污浊不堪，死后要去某某净土”的问题。

真正的觉悟者即便身在浊世也能怡然自乐，因为他们明心而破执，自然身心轻松安乐。如果不能破执，不论自己在修行上如何精进，执著都会不断加深加重，如果再没有慈悲心，又听不进去善知识的劝说，嗔恨心日起而妄念更多，那即便是身处多么清净的所在，也依然是烦恼重重。

一切佛法的修持，都是以八正道为实践规范，一切佛法，即是生活本身。世间众生之衣食住行用等等，若是能依照佛法八正道而行，便是清净圆满的生活。修心也好，修行也罢，都是要先树立起正念，在正念的引导下进行实践，这种实践是无法脱离开日常生活的。而一个在心灵觉悟上有所理想的修行者，理应是不弃尘世又不执于尘世，他可以在世俗生活中有所追求，但应该破除对世俗生活的执著，同时也要破除对佛、解脱、彼岸的执著。

莲花生大师告诉世人，外部境相因为心的执著才会生起错乱，而不论你所看到的、感受到的是何种境相，那源头都在自心。众生若是了知，执著的念头就在自心，何必还去求神拜佛，心本是佛，何须外求？莲师“把一个外在的宗教变成了一个内在的宗教，把对佛的崇拜变成了对自心的崇拜，即将佛教变成了‘心的宗教’。”①

把佛法的种子和伏藏密意留在雪域大地之后，一代佛学大师莲花生算是完成了他的弘法使命，既撒播下佛法，又将外来的佛教文化与吐蕃当时的本土宗教——苯教文化之间进行了调和，从而缓解了两种文化之间的矛盾。尽管在关于莲花生的诸多传记作品中都着力描绘了他运用法术和咒语降伏外道、制伏苯教神灵的种种事迹，但我们还应该把他还原为一个真真实实的人，而关于他的种种神奇传说，则不妨看作是后人对其广博的学识和超凡的成就的无限敬意的体现。

历史上真实的莲花生大师留居雪域大地的时间也许并不是很长，但在《莲花生大师本生传》中则记叙道：赤松德赞去世后，莲花生又理政14年，直到牟德赞普继位以后，莲花生才打算去罗刹国教化众生，牟德赞普做了挽留，并做出如此评价：

“除暗的智慧灯／铲破疑网的智慧刀／击退烦恼敌人的正确观点的大军／能渡轮回河的恩德船／克服善事障碍的密宗方便智

① 夏春峰：《论宁玛派大圆满法心性论的实质》，载《西藏研究》2002年第2期。

慧／拯救众生的四摄事业法／说出的话一定能实现／神通广大的了义者／请教什么佛法／都能高兴地讲解／能对付一切反抗的／释迦狮子装扮者／释迦牟尼和你无两样／三界世界里无第二／除了你的佛法外／我对什么都不信仰。"[①]

也许，莲花生以修行人的身份参与过一些国家事务的管理——当然，这也只是一种猜测而已。关于莲花生参与国家事务管理的前后因缘，在《莲花生大师本生传》中有一定的文字记载。书中提到了莲花生要求吐蕃赞普赤松德赞制定纲纪，要求"佛教法律须严明"，书中如是写道：

"法律一共有三种／佛教法律为其一／还有王法和家法／赤松德赞国王我／从此以后是法王／凡我属下一切人／善举恶行有果报／善举就是信佛教。"[②]

从这点我们可以看出，这是以世俗的王权来确立佛教在吐蕃的地位。所制订的这些法规，涵盖了人们生活的各个方面，并对僧俗两界做出统一的规定，在人们的日常生活中推行佛法，将佛法的修行内容落实到人们的行为之中。诸如供奉宗师，和睦家庭，孝敬父母，知恩报恩，体恤他人，悲悯弱者，救济贫苦，发扬十善等法规，无疑都是受到了佛教伦理思想和戒律规章的影响。凭借政治法律的形式，确立起佛教徒的社会地位和作用，把

① 中国藏语系高级佛学院研究室编，洛珠加措、俄东瓦拉译：《莲花生大师本生传》，青海人民出版社2007年版，第600~601页。

② 中国藏语系高级佛学院研究室编，洛珠加措、俄东瓦拉译：《莲花生大师本生传》，青海人民出版社2007年版，第404页。

佛法融入到老百姓平时生活的方方面面，这为普及佛法、传播佛法起了一定的作用，佛教的伦理思想和道德规范等内容逐渐渗入到人们的生活习惯中，经过千百年的发展，以渐融合到整个藏文化体系中。从《莲花生大师本生传》的文字中我们不难推知，莲花生不仅带来了密宗金刚乘法，而且使佛教在吐蕃大地上立稳了脚跟，影响了藏民族的传统文化。

但其实在吐蕃的历史上，已先有一位明君以佛教十善法为根本而制订出了十善大法和清净人法十六条，这位君主便是松赞干布，而松赞干布生活的年代要早于莲花生，或许，《莲花生大师本生传》中的那些内容，便是以此为蓝本而创作的，旨在突出莲师的殊胜功德以及对藏文化的深远影响吧。

历史上真实的莲花生大师，“早年生活在密法、咒术及民间方术比较盛行的邬仗那地方，以后在中、东印度和印度的南部从师学习大乘佛教义理和密教教义，并修得成就。”①为了能够使佛法的种子扎根于雪域高原，他进藏之后寻找出佛教与苯教思想能够相互融合的教义，把苯教中的诸神灵转而安排为佛教的护法神，这样既不至于破坏藏民族的传统信仰，又缓和了本土文化与外来信仰之间的矛盾。莲花生“强调在他以前被介绍到西藏的无著系统的瑜伽行派所奉祀的诸佛或菩萨与本教所祀奉的诸神之间的相似点，还建立了龙树系统的中观派诸佛、诸菩萨变为本教诸神之后能在吐蕃显现的说法”。②

藏族史籍中将莲花生大师在藏地所做的事业概括为：“利六

---

① 索南才让：《莲花生及其对藏传佛教的贡献》，原载《西藏民族学院学报》1996年第4期。

② 〔日〕矢崎正见著，石硕、张建世合译：《西藏佛教史考》，西藏人民出版社1990年版，第34~35页。

道众生；做四十功德事；驯服天魔；修建寺院；翻译显密经典；创四大业绩；作十邪行；阻挠抛仪式；知四时；护密籍；调服印藏黑人等十一行。"[①]

生与死就在那一心之中，心是创造一切生命经验的基础。在生命的每一个当下，我们只需要"无思无念地观照自我"，观照这颗心，便不难觉察到心是如何创造了快乐，又是如何在短短的几秒钟之内又创造出痛苦。不过，我们不要怕，因为从心念中产生的痛苦、烦恼，终归还是要从心入手解决。我们要做的，就是去观察自心，通过观察，妄念瓦解。当然，也可以随任念头生起又落下，但如果不采取任何对治的方法，那么这个随任念头起落的过程将变得十分煎熬。

众生的这颗心，与佛心本来无所差异，可我们却在那混乱、善变、迷惑无知的凡夫心的包裹下虚度一生，临到生命终了时，我们在恐惧、悔恨、焦虑中咽下最后一口气。我们要明白，天地之间，万事万物都在变化着，你的挚爱亲眷也好，名利财富也罢，没有什么能够随着我们出生或死亡，只有那颗心，才是与自己生死相随、时刻相伴，而正是这颗心，却被我们常常忽略，这不得不令人想起佛经上的一则故事。

在古印度的某个城市里，一位富商娶了四名妻子。四夫人最为年轻美貌，因此最得丈夫的喜爱，丈夫对她百般娇宠、言听计从；三夫人是富商费了好一番辛苦才追求到手的，富商害怕这个任性的女人又再次跑掉，因此富商就常把三夫人带在身边，经常

① 索南才让：《莲花生及其对藏传佛教的贡献》，原载《西藏民族学院学报》1996年第4期。

是甜言蜜语，捧来大把珍宝讨她的欢心；二夫人与富商天天见面，两人经常推心置腹地商量许多事情，关系十分密切；而大夫人呢，因为年长色衰，所以富商不太喜欢她，任由她像个仆人一般忙来忙去，也不觉得感激。

有一天，富商要去远行，就问四个妻子，谁愿意跟随他一同前往。

四夫人说："你去的地方又远又艰险，无论你对我多宠爱，我都不愿意跟着你去受罪。"

三夫人说："平时你最宠爱四夫人，连她都不肯跟随你去，我为什么要陪你呢？不去！"

二夫人说："我送你到城门外吧，但我可不想继续陪你走远路了。"

大夫人说："不论你去哪儿，我都会陪着你，哪怕路途再艰险，我也会在你身边。"

这个故事里的四夫人，便是我们的这身皮囊。我们活着时，对自己的身体尤其重视，可是，一旦大限到来，这身体却无法再跟随我们了。

三夫人象征着财富，我们不妨想想，自己为了积累财富，费了多少气力？可是，你又见到哪一个人死的时候能带走一分一毫呢？

二夫人则代表着我们世间的亲友眷属，当我们临终之时，他们陪在我们身边，为我们难过哭泣，但是也没办法陪我们死去。

只有大夫人，那是我们的心，无论我们去哪里，它都跟随着我们，可我们的关注点永远放在外物上，只有这颗心，经常被我们忽视。

觉悟者能够断除自心的烦恼和痛苦，也能帮助其他众生了断，比如佛陀，比如莲花生大师，他们已经体验到了平和安宁的心境，也觉悟到了世出世间的无上甚深的智慧。

但就如同莲师所说的那样，世人对佛法的信仰总是时断时续的，很难坚持下来，众生不明了生死之事大和人身之难得的可贵，白天黑夜的都在忙于俗务，莲师在离开吐蕃大地时，痛惜地说：“没有任何事务比修行佛法更值得我们精进的。如果只是为了短暂的此生而烦心，为了今天或明日而操劳，就算今天就要死，也不知去思维佛法，这样是不对的。”①

莲师留下广大圆满的教法之后，便离开雪域高原，去往他方继续度化众生。他留下那如同金刚般坚固不坏的菩提种子，他说，只要众生的心与他相应，他必然会护佑众生，直至他们圆满成佛。

① 莲华持明：《莲华生大士全传》（下册），中国社会科学出版社2004年版，第339页。

后记　说不尽的那颗心

佛教中有许多论著都对我们的这颗“心”进行过阐述，比如唐代僧人宗密在《禅源诸诠集都序》卷一中如是写道：“诸经或毁心是贼，制令断除；或赞心是佛，劝令修习。或云善心、恶心、净心、垢心、贪心、嗔心、慈心、悲心；或云托境心生，或云心生与境；或云寂灭为心，或云缘虑为心，乃至种种相违。”

这些名词称谓对于我们而言可能稍显晦涩难懂。于是莲花生大师为了让世人能够更明白、更简便地获得觉悟，便留下许多关于觉悟心性的伏藏著作，比如《无染觉性直观自行解脱之道》便是一篇文字优美、开始本来觉性的作品。

关于“心”的名相称谓多种多样、五花八门，但是，即便再怎么定义，心的觉性也不可以文字来说明、来框定。它只能靠着我们自己来体悟，而一旦落入语言文字的论断中，无疑是让心灵自作缠缚。

莲花生认为，世间万法无不是心性的“自显现”，正因如此，众生才可以实现自行解脱，而不需要过多地凭借外力。我们的心，应该时刻保持着警觉和清醒，这样便可以对当下生起又当下寂灭的每一个念头都做出观察。但是我们不用以一种执著的、分别的态度去对待它们，只要任由它们生灭起落就好，不必执著地产生这样的想法：“嗯，这个念头是善的，我要维持这种善念”或“这个念头是不好的，我要赶快灭除它”。莲师说，心灵的觉照是无有二元对立分别的。

当过去之念不留纤毫痕迹，那么它就不会对未来的生命情状产生什么影响，因此生命便在当下就处于断除相续的状态。但是同时，我们还需要彻悟自心中的明空觉性，如此才算大圆满、真解脱。

只有这颗心不粘滞、不贪执，对大千世界敞开自己的时候，我们才不会被当下的外境所影响、所牵制。痛苦的源头并不是生命中的外境或某个人，这痛苦乃是源自于我们自己的心。

当我们了解到，所有一切生命经验无非是心的造作之后，我们还会向外部找寻解决办法吗？我们还会一味地怨怪他人吗？外境也是心灵的显现，那么如何让自己喜悦起来，快乐起来，我们还需要寄托于外部情状之上吗？

可遗憾的是，世人对自己的心毕竟了解得太少，莲花生大师伏藏传承又是如此的深奥殊胜。每一个众生，都有自我解脱的能力，但只有在生起无上的觉知和信心时，我们的生命才有可能发生真正的转化。

关于这颗心的奥秘，其实是说不尽的。然世人总把此心想得过于复杂。其实心灵的解脱只是当下的一念，只是若要使生命有所改观，那需要持之以恒的修习，如此才能克服我们的烦恼习气。当然，这颗心终究不是能够通过语言文字便可觉悟的，所以，我们还是放下一切言诠分别，在这如幻的世间观照自己的这颗心吧。

附　录

《无染觉性直观自行解脱之道》

莲花生大师　伏藏

噶玛林巴　发掘

刘巧玲　英译汉

本文叙述《无染觉性直观自行解脱之道》，这是开示本来觉性最直接的法要，源自《宁静忿怒尊无上自性解脱最胜教敕》。

一

敬礼法报化三身，敬礼一切圆证空明觉性之诸佛。

二

我将开示《无染觉性直观自行解脱之道》，
源自《宁静忿怒尊无上自性解脱最胜教敕》，
它为你真实解说自己的本来觉性。
有幸佛子，谛听觉照！
三昧耶，嘎嘎嘎。

三

何其奥妙！
娑婆与涅槃同时圆具于一心之内，
它的本性亘古即然，你却无缘得识。
它空明无染，永世不灭，你却无缘一睹它的丰采。

它处处显现无碍，你却视而不睹。
因此着文，为解说自己的心性。
若不了解内在自性，
三世诸佛所开示之八万四千法门，
无人得识其中奥义。
此言不虚，大雄诸佛之密意尽在于此矣！
佛法经典纵然遍满虚空，
究竟教诲终归于导入自性的三要诀。
今开显诸佛自性，
下文解说修持要诀，此法既无前行，也无续修。

四

谛听！
有幸佛子，谛听！
常人虽也重视心性的问题，且广加研究，
对它仍然茫然无知，或落妄见，或入边见。
乃因彼等未能正视心性之本身，
只知发展为各种哲学观念及学说，
深奥难解，
使一般人错失了认识自性的机缘，
以致轮回流转于六道三界，受尽诸苦。
由此可知，不觉自己的心性，是十分可悲的谬误。
纵然声闻缘觉试由无我的道理深入，
却无法了解自性之本来面目。
其他行者亦各执一论，
自作缠缚，无缘得见净光。
声闻缘觉受到主客（能所）二元之分别见所障，

中观派则蔽于真俗二谛的执著，

事乘与瑜伽乘因执著本尊外相而受缚，

大瑜伽（方便父续）及随瑜伽（般若母续）则因分别空性与觉性为二而生惑，

从不二的究竟义观之，

他们因分别空觉为二而步入歧途，

唯有先识破空性与觉性不二，方能证入佛性无碍。

由自性观之，不论凡俗，娑婆与涅槃本来不二，

只因你不断造作贪嗔诸毒，

故至今仍然流转于娑婆世界。

因此，暂且放下你现行或未行的佛学法事，

藉今日开示《无染觉性直观自行解脱之道》的因缘，

你终将明白，

所有佛法都在这无上自性解脱中得以圆满。

不论你修持何法，均将融入大圆满的究竟境界。

三昧耶，嘎嘎嘎。

五

那光明灿烂的觉性，也就是所谓的心性，

有人视它为具体存在，实际上它并非实存。

然而它又是一切之始，涅槃极乐及娑婆苦海的根源。

它一向被密宗十一学派所推崇。

从名相来讲，它具有各形各式的名称。

有人称它为心，或心性；

有人称它为梵，或大我；

有人视它为无我的教义；

有人直称它为心而已；

有人称它为般若，或圆满智能；
有人称它为如来藏，或佛种；
有人称为大手印；
有人称为唯一本体；
有人称为法界；
有人称为阿赖耶，或一切种；
有人只称它为平常心（觉）。

六

现在为你开示本觉，要点有三：
清除过去之念，不留纤毫痕迹；
向未来之念开放，不受他境所染；
安住当下心境，不修整造作。
如此的觉照，实在平凡无奇，
无思无念地观照自我，
若仅仅纯粹的观察，唯见明空之境，并无任何观者存在，
当下只是纯粹的觉照而已。
此觉空明无染，非由他生，
它真实无杂，明空不二。
它既非永恒，亦非受造，
然而它绝非虚无，因它光明遍在。
它也不是单一的实体，因它明显地遍存万物。
然而它亦不似一般物质和合而成，
因它不可分割，只具一味。
总之，我们本具的自觉，绝非源自任何外物。
如此方是真正观察实相之道。

七

在这本觉内，法报化三身圆满如一。
因它不生及空性，故是法身；
因空性圆具光明朗净，故是报身；
因它能够自在显现，故是化身。
这圆满一体的法报化三身，便是觉性的本质。

八

谛听这殊胜的开示，
你顿见自己当下的本觉原是如此，
本来空明，纤毫未染，
你怎能说，你不了解自己的心性？
你的修持本无所执，亦无所求，
你怎能说，你修持不佳？
既然你的本觉就是这个，
你怎能说，你寻不着自己的心性？
心性原本就是那一念，
你百般寻找，为何仍说你找不到那个起心动念的人？
由是可见，起心动念的主体根本不存在，
然而此念确有，你怎能说此念未生？
你只需随任此念生灭，不修不整，
你为何还说自己无法进入空境？
既然你只需顺其自然，无为无作，
你为何还说，你对它们一筹莫展？
何况明、空、觉性，本是圆满不可分的一体，
你怎能说，自己的修持一无所成？
既然本觉是自然出生、自然圆满，不受前因或外境所限，

你怎能说，一切功夫只是徒然？
既然所有念头都是当下生起，当下寂灭解脱，
你为何还说，你不知对治之道？
既然当下的觉性本来如此，
你为何还不识自己的本性？

九

自性本空，它真的无实无根，
你的自性也如虚空，
你不妨仔细观照一下自心是否确实如此。
你真的不用先入为主地秉持着空观，
那自然生起的本觉，从无始以来一直空明朗净，
好似太阳一般，由核心自然发出光热，
你不妨仔细观照一下自心是否确实如此。
这本觉本智，真的是不灭的，
好似江河流水一般永无止尽，
你不妨仔细观照一下自心是否确实如此。
心念变化无常，真的不是我们的意念所能尽解，
它们就像微风一般难以捉摸，
你不妨仔细观察一下自心是否确实如此。
不论任何外境生起，真的就是本体显现，
就像明镜能反映出一切外境似的，
你不妨仔细观察一下自心是否确实如此。
世上纷纭万象，真的都在它的自身内解脱，
就像空中的云彩自行生出又自行寂灭，
你不妨仔细观察一下自心是否确实如此。

十

一切境相无非是心性所生，
在修持之外，岂另有修持之人？
一切境相无非是心性所生，
在事行之外，岂另有行者之存在？
一切境相无非是心性所生，
除了三昧耶戒之外，岂另有守戒之人？
一切境相无非是心性所生，
除了证果之外，岂另有悟者之存在？
你应该仔细观照自己的心性，审思再三。

十一

当你外观身外虚空，
若无杂念，亦不受外界所染；
你再内观自性，
亦无念者以念向外造境，
那么，那微妙的心性，便空明朗净，无垢无染。
你的本觉净光，即是法界本身，
好似无云晴空中的太阳，
阳光虽无形无相，却光明遍照。
不论你了解与否，此乃最胜法义。

十二

这本来圆满的净光，自始便非源自他物，
乃由觉性自生，本身却无父无母，真是不可思议！
自生之无上觉性，亦非由他物所造，真是不可思议！
它既无生，故也无由而灭，真是不可思议！

它虽无所不在，却无人得见真相，真是不可思议！
纵然流转于娑婆世界，却无损其身，真是不可思议！
纵使得证佛性，对它亦无所增益，真是不可思议！
它存在每个人内，却无人认出它来，真是不可思议！
然而你还冀望成就其他外在的证果，真是不可思议！
明知它在自身之内，你却四出寻觅，真是不可思议！

十三

何其奥妙！
这当下的本觉空明朗净，无实可执，
仅此，即是无上的知见。
它涵括一切，却不受任何观念事物所羁，
仅此，即是无上的修持。
它不修不整，又是言语道断，
仅此，即是无上的道行。
无需四处追求，它本来圆满具足，
仅此，即是无上的证果。

十四

殊胜之正道有四：
殊胜的正见：
正因当下觉性光明朗净，
此光明净性又无瑕无疵，故可称之为道。
殊胜的正修：
正因当下觉性本具此光明，
此光明净性又无瑕无疵，故可称之为道。
殊胜的正行：

正因当下觉性本具此光明，
此光明净性又无瑕无疵，故可称之为道。
殊胜的正果：
正因当下觉性就是这光明朗净，
此光明净性又无瑕无疵，故可称之为道。

十五

今开示三世不易的四定法：
不易之正见，是为一法，
当下常在的觉性光明朗净，
三世不易，故称为定法。
不易之正修，是为一法，
当下常在的觉性光明朗净，
三世不易，故称为定法。
不易之正行，是为一法，
当下常在的觉性光明朗净，
三世不易，故称为定法。
不易之正果，是为一法，
当下常在的觉性光明朗净，
三世不易，故称为定法。

十六

既然你已聆受三世如一的秘密教诲，
便应尽抛过去的知见及一切，
断除未来的冀望及筹划。
眼前这一刻，纵有念头生起，不执不取，心如虚空。
既然，由究竟观之，根本无法可修，故无需修持。
既然，那儿本不散乱，你只需心不散乱地安住此境，

不修不整也不散乱，只是觉照一切，
你的觉性便本知本明，光明灿烂。
当它生起时，称为菩提心，亦即悟性。
因无所修整，故超越一切外在知识，
因无所散乱，它是本体的光明净性，
外境外相，既无自性，故自然解脱。
明空不二，是为法界。
一旦悟及佛性无道可及，无法可悟，不证自明，
便得如实而见金刚萨埵。

十七

下面的开示，将为你穷究六种边见，并推翻其说。
不论当前的知见学说，立论何等分歧，
所谓的心性，便是你的本觉，
它是自然生起的无上觉性。
应知，观者及观照本来不二，
当你观照，不妨寻找观者为谁，
若遍寻不得，
此一妄见便顿现其穷，而自然瓦解。
这妄见一了，即是你重生的一刻。
知见及持此知见之人并无分别，
若能不落入空见或空境，
当下的觉性顿显空明，
这便是大圆满见。
于是，不论识与不识，亦无分别。

十八

不论当前的修行方法，立论何等分歧，

你的日常觉心，具有透视观照的能力。
应知，修持与修持者本来不二，
不论你在修行与否，不妨寻觅一番修持之人，
若遍寻而不得修持之主体，
你的修持便顿现其穷，而自然瓦解。
修持一旦放下，便是你重生的一刻。
你若能既不落幻境，也不昏沉散乱，
当下无染的觉性自现光明朗净，
这毫不造作的觉照，便是专一定境。
如此，入定或不入定，本非二境。

十九

不论当前的行事标准，是何等的分歧，
你本具的元觉，却是唯一本体。
应知，行为与行者本非二事，
不论你正在造作或无事，不妨观察一下，
是否有一行者存在，
若遍寻行者而不可得，
你的行事便顿现其穷，而自然瓦解。
造作停止的那一刻，便是你的新生。
无始以来，事行与行事之人本无分别，
你若能不落入妄见，染着习气，
当下的觉性刹那归于清净无染。
既不相应，也不排斥，随顺事物，不加修整，
唯此道行，方称清净无染。
如此，净行与不净行，亦本来不二。

二十

不论当前的悟境证果，是何等的分歧，
心性的本质就是本觉，亦即本来圆满的法报化三身。
应知，悟境与悟者本来不二，
你不妨寻找一下悟境及悟者。
若遍寻悟者而不可得，
你的悟境便顿现其穷，而自然瓦解。
悟境一旦寂灭，便是你新生的一刻。
悟境与悟者皆觅不可得，
你又不落于执著或贪嗔惧情，
当下的觉性便归于本来的清净无染。
只要了悟法报化三身圆具于你内，
此即无上佛果。

二十一

本觉是不受不灭论或空见诸种边见所染的，
此即所谓不落两边的中道。
本觉原来就是清净无碍的常存觉性，
它又是空性之核心，
因此被称为如来性，即佛心或佛种。
你若明了此究竟奥义，便已超越一切论说，
因此它又被称为般若波罗蜜多，即圆满智能。
又因它超越了理性及观念的范畴，
因此又被称为大手印，即无上的象征奥义。
因此，不论你了解与否，它皆自适其所。
由于它是涅槃极乐与娑婆苦海的根源，
故被称为阿赖耶，意即一切种。

由于它本来面目平凡无奇，
这空明常在的觉性，
又被称为平常心（觉）。
不论它具有多少个深奥而美妙的名相，
最终所指，不过是这当下觉性而已。

二十二

于此心外，向外驰求，
就好比外出追寻象迹，其实你的象正安居家中。
即使你通晓整个宇宙，也无法穷究这奥秘的究竟。
如果你不了解万象皆出自一心，便无由证得佛果。
不知识取本觉之人，自然向外驰求，
一味向身外寻求自我的人，怎会找到自己？
好比一个笨人，进到人群中，
便受到外境所惑，而忘失了自己，
一旦忘失自我，便四处乱寻，
不断误将他人当作自己。
同理，如果你不知万物之本性，
不知外境原是出自一心，便会再三流转于娑婆。
你若看不透自己的本来心性就是如来，
涅槃便变得遥不可及。
所谓娑婆与涅槃，全凭你一念无明或一念明觉。
若由究竟义观之，两者本质实在无所分别。
你还以为它们存在于你的自性之外，
真是极大的错误！
其实错误与无误，本来也是一味（自性而已）。
一切有情的心念本来不可分割，

不修不整的心性，
只需安住本来自然之境，便是解脱。
如果你认不出那根本的迷惑及幻相也是出自本心，
你便无法认识法界的实相。

二十三

你应努力觉照那自始自生者，
由外相观之，起初似有所生，
存在期间，似有所住，最后终将归于某处。
可是你若加以细究，它却似乌鸦照井，
当乌鸦离井而去，它的倒影也一逝不返。
同理，一切表相皆由心所生，
既由心生，也由心灭，
唯此心性了知一切，且知一切本空本净，
有如天上穹苍，它的空虚与澄澈本不可分。
自生的本觉虽能生出外境，
变成光明透澈又井然有序的万象，
此即法性，也是实相。
它虽藉外相来显示自身的存在，
你心中却明明白白，那便是你的自性。
由于它是如此明朗透澈，故被视为虚空。
但虚空只是心性的一个比拟而已，
不足以涵盖其意。
因为自性虽如虚空，却具本觉，无所不明，
天空却无觉性，它的空虚好似死尸一般地空虚，
了无生命，
因此，心性的真相，是无法以天空作譬的。

总之，能毫不散乱地任心性安住本然便是。

二十四

何况纷纭万象，也具有俗谛（相对性的真理）的价值。
没有任何现象真正地存在，它们迟早会消逝。
涅槃及娑婆中的一切事物现象，
只不过是表相而已，靠那唯一的自性去觉察。
每当内在的心境有所改变，
感受到的外境也随之变迁，
因此，你所见的一切，只是心性的流露。
六道众生都是依照自己的业报而认取外境的。

二十五

有些外道常持二元论，或以不灭论来驳斥空论，
密法九乘中也各据立场来观外境。
人们不仅观察外境的方式不同，解说立论也互异，
一旦执著于变化无常的表相，谬误便由此而生。
你若能对自心所见的表相，
不论它们是虚是实，始终不执不取，便是佛境。

二十六

外境本身并无过错，因为执著才成障碍。
你若了知那执著外相的念头，就是自性，
此念当下解脱。
一切显现只是心性的流露。
即使整个宇宙毕现于前，也只是心性的流露。
即使六道众生毕现于前，也只是心性的流露。
即使天人的福报毕现于前，也只是心性的流露。
即使下三道的苦境毕现于前，也只是心性的流露。

即使贪嗔痴等五毒毕现于前，也只是心性的流露。
即使自生的本觉呈现于前，也只是心性的流露。
即使涅槃道上的善念呈现于前，也只是心性的流露。
即使各种魔难障碍出现于前，也只是心性的流露。
即使天界神祇及其境界出现于前，也只是心性的流露。
即使各种净念出现于前，也只是心性的流露。
即使证入无念的定境，也只是心性的流露。
即使观得万物光影交错，也只是心性的流露。
即使证入色无边处定或识无边处定，也只是心性的流露。
即使证入一多不二，也只是心性的流露。
即使一切色与一切空毕现于前，这也是心性的流露。
没有任何境相，不是出自心性。

二十七

正因自性无碍的本质，境相才能不断生起，
有如大海及波浪本是一体。
因此凡是生起之现象，必将在心性内自然解脱，
不论你用多少不同的名相去指称它，
由究竟观之，心性不曾离开过一切而存在。
这一体性并非建筑在任何有形基础上的，
它虽是一，你却无法由任何一边而得其全貌。
它也不是存在某处的实体，因为它不由造作。
它也不是虚无，因它的光明及觉性光辉遍照。
它更不是各种形色，因为空性与光明是不可分割的。
当下此刻的自觉是如此空灵及实在，
虽有此觉照，却找不到觉照的主体，
所悟实在只是被悟而已，一无实质。

只要据此修行，一切自然解脱，
我们的官能（五根）便能不受理性意识的干扰，
当下体认一切。
有如芝麻榨成麻油，牛奶搅成奶油的过程一样，
不经榨压，哪来麻油？不经搅拌，哪来奶油？
一切众生虽本具真实佛性，
不经修持，如何证入佛果？
若肯修持，即使放牛郎也能悟道解脱。
他虽不了解其中学理，
仍能从经验中一步一步地调练自己。
譬如有人亲口尝过糖的滋味，
哪里需要他人解说其中滋味？
错失本觉，即使班智达（博学之士）也堕入歧路，
不论他们学问何等渊博，通晓密宗九乘的次第，
缺乏证量经验，所说难免以讹传讹，
离佛地益远。
一旦了知本觉，一切功德业报当下灭尽；
若不识本觉，一切德行或恶业，
终将累积为业报，在善恶二界中轮回流转。
只要你能识破自性中空虚的觉性，
善、恶、德、业，便不致落实成报。
就如虚空流不出泉水一般，
功德与罪业在虚空之境也无法滋生业果。
那自生的本觉方能观照透视一切，
以无染觉性直观自行解脱之道，是如此深奥！
你必须熟谙自己的觉性。

这秘密教敕何等深奥！

二十八

何等奥妙！

《无染觉性直观自行解脱之道》，

直接为人开示本觉，

这是为了未来众生的利益。

此论虽精简非常，

所有密法、要门、口诀，尽在于此矣！

我既已传授此法于当世，仍另将它隐藏某处，

作为岩藏密法，

使未来善业成熟之人，有缘闻此妙法。

三昧耶，嘎嘎嘎。

以上论述是开示人的当下觉性，定名为《无染觉性直观自行解脱之道》。此文乃是邬金教主莲花生大师所作，愿这殊胜的解脱之道永不失落，直到娑婆众生毕竟解脱。

《直指觉性赤见自解》

莲花生大师　作
刘立千　译

一、书名

《深法寂静忿怒尊密意自解》中之《直指觉性赤见自解》。

二、敬礼

顶礼觉性自明三身尊。

三、述意

我将开示《深法寂静忿怒尊密意自解》中之《直指觉性赤裸现见自行解脱》如是直指自己觉性之法，有缘善男子，应善自领悟！

三昧耶，甲，甲，甲。

四、直指心性（觉、明、现）

唉玛火（奇哉）！一心之内圆满包容了轮回与涅槃，它的本性无始即然，而你却不知道；明和觉从未有间断，而你却不认识；它处处皆无碍显现，而你却不了解。因此，为使你能了解心性的本面而作开示。三世诸佛讲说了八万四千无量法门，除了觉悟此性外过此说者佛未曾说。经典遍满虚空不可计量，究竟教诲只有直指觉性三句话。此现量直指诸佛之密意，既无前行，也无后修，导入之法，即此而已。

五、一心

吉哈！有缘弟子且谛听！所谓心者颇为广泛传播而声响亮，

但对此性不了解或邪解和了解片面，由于未能正确如实了解之故，遂产生了无量的宗派之学说。而一般平庸士夫未悟此性，对自己的本面自己不知道，故不断流转于三界六道而受苦。他们皆因不悟自心本性而成过。烦恼的声闻独觉，只了悟无我的一面，虽欲求证悟而不能如实得悟。其他因受各自宗派和理论束缚不能见到心的光明，烦恼声闻独觉执著能所而成障碍，中观执著二谛边见成为障，下三瑜伽执著观想念诵成为障，摩诃阿鲁执著界觉成为障。于无二义分之为二而致误，若二不能融合为一不能成佛，因为皆是一心，轮涅本来无分别，若去断离取舍仍流转于轮回。因此现将所作法事一齐放下，指示你一切精华即此赤见觉性自行解脱之法。当你悟到一切法本自大解脱，则知大圆满是圆具一切。

三昧耶，甲，甲，甲。

六、名相

称之为心者，就是那明明了了。说存在，它却没有一法存在，说根源，它却是轮回苦与涅槃乐种种生起之根源。由于对他的见解不同，始有十一乘门。从名相讲它有无穷的名称：有人称它为心性或本心，外道则称它为梵我，声闻独觉则称无我教义，唯识家称之为识，有人称它为般若到彼岸，有人称它为如来藏，有人称它为大手印，有人称它为唯一明点，有人称它为法界，有人称它为一切种，亦有人称它为平常心。

七、明空觉性

现在为你直指进入觉性之法有三要：过去之念不留痕迹而明净，未来之念未曾生起而鲜洁，现在之念住于当下心境不修整造作。即此平常的觉了之心，若自已对自己作赤露观照，观之并无所见，唯有明明亮亮觉性现量赤裸裸地显露出来，并非任何实成，唯有空空洞洞，这明亮和空洞不二，闪闪发光。它既不是常，非任何所成，亦非是断，然又光明灿然。其存在非单一存在，而是多种均能觉了和显明。也并非多种所合成，而是不可分割的独具一味。总之，这唯一的自觉性绝非是从他而有，如此方是直指事物的实际情况。

八、三身

在一觉性之中三身无别而完具。因它什么也不生，是空性法身；它的空性本光明亮，是报身；因它能无碍显现一切，是化身。三身是圆具于一心中之体性。

九、本来心性

今当用强制直指之法引入此性。你的当下觉性原本就是如此，它是那不造作而自明，怎么能说你不了解心性？对此觉性本来无可修持，你怎么能说修持没有成就？既然你的本觉现量就是这一念，你怎么能说你找不到自己的心？就是那个觉明本无间断，你怎么能说未见心之本面？心之思维者原本就是它，你怎么能说找不到那个动念者？对它没有任何可以做的，你怎么能说作而无得？本来不须修整，听之任之就可以，你怎么能说无法进入安静？你只要无为无作完全放下就可以，你怎么能说对它无能为力？觉、明、空（现）三者本是无别元成，你怎么能说修之反而无成？本觉是无有因缘自生元成，你怎么能说不能努力精进？念头是当下生起当下即消，你怎么能说无法对治？当下的本性就是如此，你怎么能说对它不能认识？

十、心性喻

心性真的是空寂无根，自心无实犹如太虚空洞，似与不似不妨观察你自心。不是空性断离之见，那自然智慧真的从本即是光明，自然智慧本身如同太阳的核心，似与不似不妨观察一下自心。觉性智慧真的相续不断，相续不断好像江河流水不停，似与不似不妨观察一下自心。各种念动真的不可认知，妄念无实好像空中微风难以捉摸，似与不似不妨观察一下自心。外境所现真的就是自现，外境自现好像镜中反映影像，似与不似不妨观察一下自心。一切有相真的都是自行解脱，自起自消，好像空中云彩，似与不似不妨观察一下自心。

十一、心外无法

不属于心之法非别有，除心而外那有能修和所修。不属于心之法非别有，除能行持和所修持外那有其他存在。不属于心之法非别有，除所守三昧戒而外那有其他存在。不属于心之法非别有，除所证果而外那有其他存在。再三观察！仔细观察自己的心。

十二、性光

当你外观虚空时，而心这时已无妄念起动之残余，你又再观自心时，亦无妄念起动之起动者，那么，无染的心性清净而光明，这就是你的本觉光明空寂之法身，好似无云晴空升起的太阳，虽无形相却能明确的知道，对于此义悟与不悟差别极大。

十三、自生

从本未生而是自生之光明，这是觉性的婴儿，可是却无父母，真希奇！这觉性谁也未造而是自生智慧，真希奇！它既无生也无由而灭，真希奇！它既现量而明在，却无人能见，真希奇！纵然流于轮回也不变坏，真希奇！纵然成佛也不增好，真希奇！它是大家都有，却无人知道，真希奇！你还冀望在他处得果，真希奇！它就是你自己，却别处寻找，真希奇！

十四、见、修（定）、行、果

唉玛！这个当下的本觉明朗而无实质，仅此，即是无上的知见。它是无缘地包容一切而是又离一切，仅此，即是无上的观修。它无造作，是世间放任无拘，仅此，即是无上的行持。它是不求而从本既是元成，仅此，既是无上的证果。

十五、四乘

指示无误之四乘：见解不错之大乘，即此当下的觉性本具光明，因其明而无误谓之乘；观修不错之大乘，即此当下的觉性本具光明，因其明而无误谓之乘；行持不错之大乘，即此当下的本智本具光明，因其明而无误谓之乘；果位不错之大乘，即此当下之心本具光明，因其明而无误谓之乘。

十六、四钉

今开示不变易之四钉：所谓见地不变之大钉，即此当下的觉心明亮，三世不易故谓之钉；所谓见修不变之大钉，即此当下的觉心明亮，三世不易故谓之钉；所谓行持不变之大钉，即此当下的觉心明亮，三世不易故谓之钉；所谓果位不变之大钉，即此当下的觉心明亮，三世不易故谓之钉。

十七、无住

指示三世一如之要门：过去之迹不追，抛弃过去的观念，未来不迎，断绝意识的关联，眼前念起不执不取，心如虚空。既然无法可修，则什么都不修，既然无可散乱，则坚持不散正念，在此不修不散的状况中只用赤裸观照一切，你的觉性便本知本明，光明灿然。当它生起时，则称为菩提心（觉性），因无所修则超越一切所知境，因无所散它的本体澄澈光明，现空是本自解脱，明空是为法身。一旦悟到佛道之中无可修习，即此时：便现见金刚萨埵。

十八、无见

下面开示把六种边见推到穷处之教授：不论不同的见解既广且繁，你的本觉心性是自然智。它是没有能见和所见，不管见与未见而寻觅那能见者，连求见者自己也找不到，此时便是把边见推到穷尽处，见之底蕴就到这样的地步。见和所见什么也没有，若不落于根本无有之断空，这当下的觉性明明了了，便是大圆满见。对此悟与不悟并无分别。

十九、无修

不论不同的观修既广且繁，你的本觉心性平常一样的通透赤裸，能修和所修并无分别。不管你修与未修而寻觅那能修者，若是找不到那能修者，这时便把观修推到穷尽处，修之底蕴就到这样的地步。修和所修什么也没有，若不落于散乱昏沉和掉举，这当下无造作的觉性明明了了，便是无作平等三摩地。入定不入定并无分别。

二十、无行

不论不同的行持既广且繁，你的本觉心性就是唯一明点，并无能行和所行。不管行与未行而寻觅行者，若是找不到那能行者，这时便把行持推到穷尽处，行之底蕴便到这样的地步。从本以来就无能行所行，若不落于迷乱的习气，当下之心无造作明明了了，切勿去作修整和取舍，这样便是清净行持。清净不净并无分别。

二十一、无果

不论不同的果位既广且繁，你的本觉心性就是元成三身，并无能证和所证。若是寻觅能证果者，却找不到那能证果者，这时便把果位推到穷尽处，果之底蕴便到这样地步。无论什么果皆证不得，若不落入挂虑和取舍，这当下的觉心自明元成，了悟现证三身仅是自己所具，即此便是本来成佛之果。

二十二、中道

觉性是远离断常八边，不堕任何一边才谓之中道。觉性就是那觉念恒常不断，空性乃觉性之核心，是故则称之为如来藏。若明了此义则超胜一切，因此又称它叫智慧到彼岸。超越思维从本离边故，是故其名为大手印。这仅是悟与不悟之差别。它是轮涅苦乐一切之根，故又被称为一种（阿赖耶）。它在安住无改平常之位时，即此清楚明亮的觉性，故又称为平常心。不论安它什么美妙的名称，实际就是当下的那一点灵知而已。

二十三、勿外求

除此以外还有什么更好的可以追求。比如象在家中而外出追踪，即找到三千大千世界之顶亦无可得。除心而外再无别佛可求。若不认识心而向外驰求，如身外去找自己怎能找到自己，好比一个傻子进到一大群人中，为热闹的场面所惑，而忘失自己。由于不认识自己而去它处寻找，误认别人是他自己。同样，如果不知万物的本性，不知外境原来是心，而仍误入轮回，不见自心是佛则障涅槃。所谓轮回与涅槃全凭觉明与无明，就在刹那一念，二者并无分别，若还以为存在于心外是迷误。迷与不迷之体都是一个，一切有情的相续心并无有二，不须修治，自然放下即可解脱。若不觉悟这迷误之性出自自心，你便永远不能了悟法性实际。

二十四、空喻

自己应当觉照自己那自起自生者，这些境相起初从何生？中住何处？最后归何处？若加观察如井中的鸦影，乌鸦从井飞去，除井外再无其他。同理，境相（表相）皆是由心所生，即从心生起，又由心中而散失，唯此心性是尽知尽觉，空而且明，从本就是明空无别犹如虚空。自然智慧现量的光明中，确定一切这便是它的法性，现有一切是它的表相，然而它又是均在心中觉知，因此，悟到这个心性是觉而灵明犹如虚空。但心性表示如虚空，只是一个比拟，是一个暂时的片面表诠，因为心性有觉性，空而无所不明，虚空却无觉性，只是空而顽空。因此，心性的实际不能以虚空作譬。总之，要无有散乱地安住本然便是。

二十五、表象（心境）

这些世俗境界的各种现象，没有一个真实存在，皆会消灭。比如现象界中的一切轮涅法，只不过是唯一心性的表象而已。何时心性有所改变，则生起外境改变的表象，所以一切皆心之表象。六道众生只认取各自的境界。有些外道则见为断常二分，密法九乘中各各见各自观点，故所见不同立说也就各异，由于所执各异，分别耽着而迷乱。你若觉了一切境相皆为心，虽见表象不执不取，这便是佛。

二十六、一切皆心

境相由于执著而起错乱。你若是了知执著的念头就是自心，则当下自然解脱。一切所现只是心的境界，外器世间现为冥顽之物亦是心，内有情世间现为六道众生亦是心，现为上界天神安乐的境界亦是心，现为三恶道的苦恼亦是心，现为无明烦恼三毒亦是心，现为自然智慧之觉性亦是心，现为善念涅槃亦是心，现为魔鬼作障亦是心，善现为佛神和悉地亦是心，现为各种清净境界亦是心，现为无分别专一而住亦是心，现为形相颜色之万物亦是心，现为无相离戏境界亦是心，现为一多不二亦是心，现为非有非无亦是心，所以没有任何境界不属于自心。

二十七、赤见觉性

心性不灭，任何境界都能现起，虽然现起，亦如海水与波浪并无有二，故在心性内解脱。所立不灭，任何名言皆可安立，而实际呢，心只有一个，即此一个，也是无源无根。从任何一边看它，什么也看不到，不见实法，因此也无任何存在；但也不见虚无，而是觉了和光辉灿然。它更不是各别差异，而是明空无别。当下自己的觉性光明朗照，即使如此，而仍无存在的主体，虽无自性而实修则真有觉受，只要能真实证悟此性，则一切都将解脱。因此，在根上并无利钝之分。如菜籽牛奶虽以油作为内因，若不挤压，怎么能出油汁？一切众生虽真实具有如来性，若不修证，众生如何能够成佛？肯修证即牛郎也可悟道，虽不会讲理，仍能从现量中得到肯定。如亲口尝过糖的滋味，哪里需要他人解说其中滋味。不了悟真性，即使班智达亦会生迷乱，不论他博通九乘的道理，缺乏现见而去求遥远的传闻，虽刹那亦未接近佛道。一旦觉悟此性，一切善恶当下清净，若不悟本觉，则所造任何善恶诸事业，皆是积累上升天界和下堕恶道的轮回之业。若是了悟自心空慧。则全无善恶之可得，如同虚空的空中积不了泉水，所以空性之中无功德与罪业积存之境。因此要赤见自己的本觉现量，这赤见自解是何等奥妙！是故必须求悟此自觉之性，秘奥封禁！

二十八、结语

奥妙！直指觉性赤见自解，为利益后来浊世有情故，将所有续经、教敕和要门，凡已所知者都简单的扼要而书写，现在传授或作伏藏隐藏，发愿使未来有缘者能遭遇此法。

三昧耶，甲，甲，甲。

此开示觉性现量之著述，名为《赤见自行解脱》，是邬坚教主莲花生之所作，愿直到轮回未空之间利生无尽。

注：1.刘立千于一九九七年十二月二十日译竟。

2.该文版权为刘立千所有。向莲花生大师敬礼！

参考文献

一、专著类

1.莲华持明.莲华生大士全传.北京：中国社会科学出版社，2004.

2.洛珠加措、俄东瓦拉译.莲花生大师本生传.西宁：青海人民出版社，2007.

3.大乘起信论.电子版.

4.无上密宗集续.电子版.

5.萨迦·索南坚赞著，陈庆英、仁庆扎西译注.王统世系明鉴.沈阳：辽宁人民出版社，1985.

6.多罗那他.三信具足.

7.阿旺·罗桑嘉措著，刘立千译.西藏王臣记.北京：民族出版社，2002.

8.隆庆饶绛巴.三部要义释真理宝藏论释.德格印经院藏文木刻本.

9.金刚经.电子版.

10.僧肇.注维摩诘经.

11.杂阿含经.电子版.

12.大智度论.电子版.

13.那先比丘经.电子版.

14.莲花生大师作，刘立千译.直指觉性赤见自解.

15.〔美〕索甲仁波切著，郑振煌译.西藏生死之书.北京：中国社会科学出版社，西宁：青海人民出版社，1999.

16.莲花生大师作，刘巧玲译.无染觉性直观自行解脱之道.

17.土观·洛桑却吉尼玛著，刘立千译.土观宗派源流.拉萨：西藏人民出版社，1985.

18.五祖弘忍禅师.最上乘论.

19.六祖慧能禅师.坛经.

20.刘立千著.印藏佛教史.北京：民族出版社，2000.

21.禅源诸诠集都序.卷一.大正藏.第48册.

22.〔日〕福岛庆道著，高立译.禅是无的宗教.石家庄：河北教育出版社，1996.

23.景德传灯录.电子版.

24.刘立千.藏传佛教各派教义及密宗漫谈.北京：民族出版社，2000.

25.〔日〕矢岐正见著，石硕、张建世合译.西藏佛教史考.拉萨：西藏人民出版社，1990.

二、论文类

1.索南才让：《莲花生及其对藏传佛教的贡献》，原载《西藏民族学院学报》1996年第4期。

2.夏春峰：《论宁玛派大圆满法心性论的实质》，载《西藏研究》2002年第2期。

3.刘立千：《藏传佛教的宁玛派》，原载《中国藏学》1993年第1期。